Jo-Anne Elikann

111 Orte in New York, die man gesehen haben muss

Herausgegeben von Susan Lusk

emons:

Bibliografische Information der Deutschen Nationalbibliothek
Die Deutsche Nationalbibliothek verzeichnet diese Publikation
in der Deutschen Nationalbibliografie; detaillierte bibliografische
Daten sind im Internet über http://dnb.d-nb.de abrufbar.

© Emons Verlag GmbH
Alle Rechte vorbehalten
Gestaltung: TIZIAN Books, nach einem Konzept
von Lübbeke | Naumann | Thoben
Fotografien © siehe Bildnachweis Seite 240
Deutsche Fassung: Monika Elisa Schurr
Redaktion: Mark Gabor
Satz und digitale Bearbeitung: Gerd Wiechcinski
Kartografie: altancicek.design, www.altancicek.de
Kartenbasisinformationen aus Openstreetmap, © OpenStreetMap-Mitwirkende, ODbL
Druck und Bindung: B.O.S.S Medien GmbH, Goch
Printed in Germany 2016
ISBN 978-3-95451-512-7
Aktualisierte Neuauflage Januar 2016

Unser Newsletter informiert Sie
regelmäßig über Neues von emons:
Kostenlos bestellen unter
www.emons-verlag.de

Vorwort

Seit über 20 Jahren nun habe ich ein aufregendes Spiel mit New York und mir selbst gespielt: Meist an Wochenenden wagte ich mich in Viertel vor, die ich nicht kannte, und wurde so über die Jahre zur Touristin in der eigenen Stadt. Ich fuhr zu Straßenzügen und Parks, schaute in Geschäften, Galerien, Gebetshäusern und Cafés vorbei. Beim Sandwich und Kaffee im Diner oder beim Burger und Bier an der Bar verwickelte ich Einheimische in Plaudereien über ihre Gegend. Erwähnte jemand einen Ort, der nur dem Viertel ein Begriff war, machte ich mich schneller dorthin auf, als man gucken konnte. Säckeweise Fotos brachte ich von meinen Ausflügen mit, um sie Familie und Freunden zu zeigen.

Nie hätte ich mir träumen lassen, dass mir mein schräges Hobby einmal die Möglichkeit einbringen würde, über noch unentdeckte Ecken oder unbekannte Winkel größerer Attraktionen New York Citys ein Buch schreiben zu dürfen. Getreu dem Ruf der Stadt, unbegrenzte Möglichkeiten zu bieten, geschah das Unverhoffte dann doch: Ich wurde gebeten, 111 meiner Entdeckungen, die man in gewöhnlichen Reiseführern nicht findet, mit Besuchern der Stadt gleichermaßen zu teilen wie mit anderen New Yorkern, die weniger vom Forscherdrang getrieben sind als ich.

Über ein Jahr habe ich damit verbracht, einige meiner geheimen Schätze noch einmal aufzusuchen, darüber hinaus viele weitere in Erfahrung zu bringen und eine Fotosammlung erlesen spannender, doch oft übersehener Must-sees des Big Apple zusammenzutragen. Während dieser Reise durch das schöne Unbekannte vor der eigenen Haustür bin ich New Yorker Künstlern, Historikern, Besitzern, Geschäftsleuten, Kuratoren, Journalisten und Abenteurern aller Art begegnet – außergewöhnlichen Menschen, die mir wertvolle Insiderkenntnisse vermittelt oder herrlich verbotene Geschichten erzählt haben.

Und so überreiche ich Ihnen nun nichts weniger als meinen persönlichen Liebesbrief an NYC.

111 Orte

1___Das Alice Austen Haus
  Fotografisches Gedächtnis | 10

2___Die alte Synagoge
  Man möchte glauben | 12

3___Der älteste Gullydeckel
  See you later! | 14

4___Das B&H Dairy Restaurant
  Milchküche am Yiddish Broadway | 16

5___The Back Room
  Tabu in der Teetasse | 18

6___Batman meets Poe
  Partners in crime | 20

7___Boccia bei Il Vagabondo
  Gerollt, nicht geworfen | 22

8___Bohemian National Hall
  Reality Tscheck | 24

9___Die Bootsfahrt im Central Park
  Viersitzer, Yachten und Regatten | 26

10___Brooklyn Boulders
  Prickelnde Partien | 28

11___Das Bubble Building
  Downtowns neuer Aufreger | 30

12___Building 92
  Werft dich um | 32

13___Das Campbell Apartment
  Tipp eines Tycoons | 34

14___Das Chelsea Hotel
  Könnten Wände sprechen | 36

15___Chicos Wandgemälde
  Street Art in Loisaida | 38

16___Das China Haus
  Menschen aus der Mitte | 40

17___Das City Reliquary
  Schabe und Schaufenstertorte | 42

18___Die Coney Island Circus Sideshow
  Messerschlucker, Feuerspucker | 44

19 ___ Croquet im Park
   Adrette Etikette | 46

20 ___ Der Cupcake-Automat
   Nachts ist süßer als draußen | 48

21 ___ Die Cyber-OP
   Blutig war gestern | 50

22 ___ Das Dakota
   Lennon, Bernstein, Bacall | 52

23 ___ The Dinner Party
   Erdenmutter beim Abendmahl | 54

24 ___ Die Drag Show im Lips
   Killer Queen | 56

25 ___ Die Duke Ellington Statue
   Black, brown and beige | 58

26 ___ Das Dyckman Farmhaus
   Einst in Mannahatta | 60

27 ___ Eddie's Shoe Repair
   Ganz unten, Rockefeller Style | 62

28 ___ Das einstige CBGB
   Hosen mit Wurzeln im Rock | 64

29 ___ The Elevated Acre
   Übernahme der Wall Street | 66

30 ___ Elizabeth Street Garden
   Ein Morgen Land | 68

31 ___ Die Enoteca Maria
   Denn niemand kocht wie Nonna | 70

32 ___ Der Essex Street Market
   Mehr Delikates wagen | 72

33 ___ Das Fanelli Cafe
   Die Kult-Kaschemme | 74

34 ___ FDR Four Freedoms Park
   Freiheiten und Jahreszeiten | 76

35 ___ Das Fenster
   Zucker und Peitsche | 78

36 ___ Das Film Forum
   Bogey, Brando, berühmte Flops | 80

37 ___ Ford Foundation Atrium
   Asphaltdschungel | 82

38 ___ Fragrance Garden
   Sinnsationell! | 84

39___Der Galgenbaum
Abhängen im Washington Square | 86

40___Die Gärten der Guerilla
Anderweitig besetzt | 88

41___Die Gertrude Stein Statue
Die erste Amerikanerin | 90

42___Das Gitter
Hör mal her am Times Square | 92

43___Der Goldtresor in der Federal Reserve Bank
Stirb nie | 94

44___Governors Island
Reif für die Insel | 96

45___Green-Wood Cemetery
Himmel auf Erden | 98

46___Das größte Schachbrett
We are the champions | 100

47___Hall of Fame for Great Americans
Weiße Männer schauen dich an | 102

48___Harings Schwimmbad
Die Meerjungmänner | 104

49___Harriet Tubmans Rock
Man nannte sie Moses | 106

50___Henderson Place
Türmchen unter Türmen | 108

51___Der Hochzeitsgarten
Lächeln wie beim ersten Mal | 110

52___Hua Mei Bird Garden
Sweet tweets are made of this | 112

53___Indoor Extreme Sports
Perfekt für Perverse | 114

54___Irish Hunger Memorial
Hunger vergisst nicht | 116

55___Das Jacques Marchais Haus
Shangri-La auf Staten Island | 118

56___Jane's Carousel
Überlebenskünstler | 120

57___Jefferson Market Library
Richter und Randale | 122

58___Katharine Hepburn Garden
Garten einer Unbequemen | 124

59 — Kunst in der Subway
   Life Underground | 126
60 — Das Kunsthaus
   Künstler mit Farbe | 128
61 — Library Way
   Geistesblitze to go | 130
62 — Die Lobby bei Chrysler
   Zahnrad, Zeitgeist, Zieremblem | 132
63 — Das Louis Armstrong Haus
   Home Sweet Home | 134
64 — Die Lounge des Algonquin
   Der Teufelskreis | 136
65 — Der Mahayana Buddha
   Vom Sexkino zum Glückskeks | 138
66 — Manhattan Night Court
   Crime Time | 140
67 — Marjorie Eliot's Salon
   Love and All That Jazz | 142
68 — Merchant's House Museum
   Spuk mit Stil | 144
69 — Der Mikrokosmos
   Plastiklöffel bis Pornokönig | 146
70 — Modern Pinball
   Zum Ausflippern | 148
71 — The MoMath
   Kleine Geschichte der Mathematik | 150
72 — Morbid Anatomy
   Das Schöne und der Tod | 152
73 — Morris Jumel Mansion
   Schlafgast: George Washington | 154
74 — Die Mossman Collection
   Genuss am Verschluss | 156
75 — Das Mount Vernon Hotel
   Stadt, Land, Fluss | 158
76 — The News Building
   Superhelden | 160
77 — The New York Earth Room
   Komplex des Einfachen | 162
78 — Das Nuyorican Poets Cafe
   Artig ist woanders | 164

79 — Paley Center for Media
The shows must go on | 166

80 — Das Panorama von NYC
Big Apple ganz small | 168

81 — The Park Avenue Armory
Krieger in Seidenstrümpfen | 170

82 — Pastrami Queen
Liebe auf den ersten Biss | 172

83 — Das PDT
Jenseits der Telefonzelle | 174

84 — Das Pflaster von SoHo
Pop-Art meets Petroglyphen | 176

85 — Das Pier 59
Eins aufs Tee | 178

86 — Der Postkartenblick
Im richtigen Film | 180

87 — Die Ratten
Schräge Fassadenkletterer | 182

88 — The Red Hook Winery
Winz it! | 184

89 — Renee & Chaim Gross Foundation
Monroe meets Freud | 186

90 — Die Reste der Berliner Mauer
Kunst der Freiheit | 188

91 — Das Retro-Klo
Style is an attitude | 190

92 — Russian & Turkish Baths
Ein ordentlicher Schvitz | 192

93 — Das Schomburg Center
Goldfund bei Malcolm X | 194

94 — Die Sheepshead Bay
Anbeißen im Atlantik | 196

95 — Das Skandinavienhaus
Graved Lachs bis Garbo | 198

96 — The Slave Galleries
Schreiende Stille | 200

97 — Der Small Dog Run
Besser als der Zoo | 202

98 — Smorgasburg
Feines, Hype und Lobgesang | 204

99___ Die Sonntagsmesse in Harlem
Soulfood pur | 206

100___ Street-Art mit Skyline
High Line, High Life | 208

101___ Trapeze School NYC
Hals über Kopf | 210

102___ Das Traumhaus
Good vibes | 212

103___ Tudor City
Utopia des Jazz Age | 214

104___ Visible Storage im Met
Tag der Geheimtür | 216

105___ Der wahre Pu
Ein umstrittener Naschbär | 218

106___ Wave Hill
Bitte, die Bronx? | 220

107___ Weehawken Street
Kerle im Schatten | 222

108___ Die weiße Kapelle
Sie wurde licht | 224

109___ The Whispering Gallery
Mekka der Mauerflüsterer | 226

110___ White Horse Tavern
Manhattans meist heimgesuchter Pub | 228

111___ Yorkvilles Glockenspiel
Wo die Zeit stillsteht | 230

1 Das Alice Austen Haus
Fotografisches Gedächtnis

Wohlhabende New Yorker des 19. Jahrhunderts bauten sich ihre Sommerresidenzen am Ufer von Staten Island. Alice Austens Haus, *Clear Comfort*, bot eine grandiose Aussicht auf den Hafen, die Freiheitsstatue und Lower Manhattan. Ein fotogener Zufall: Alice wurde zu einer der ersten und bedeutendsten Fotografinnen der USA. Zwei Lenze zählte sie, als sie 1868 mit ihrer Mutter in das Haus ihrer Großeltern zog. Als Zehnjährige ließ sie der Großvater mit seinem Fotoapparat spielen: ein großes, kompliziertes Gerät mit schweren Glasplatten. Alice liebte die Kamera – und die Kamera liebte sie: 8.000 Bilder hat sie in ihrem Leben geschossen. Viele hielten Familie und Freunde beim Spiel fest, segelnd oder reitend. Manchmal schleppte sie das schwerfällige Monstrum auf die Fähre, um Manhattans düstere Ecken und das Leben der Armen zu dokumentieren.

Als Tennis-Ass, Radfahrerin und erste Autobesitzerin auf Staten Island widersetzte sich Alice jeder Konvention, verbrachte ihre Tage in weiblicher Gesellschaft und lebte 50 Jahre lang mit Freundin Gertrude Tate zusammen. Als sie der Börsenkrach 1929 das Vermögen kostete, verpfändete sie ihr Haus und fand sich schließlich in einem Armenhaus wieder. 1951 wurden 3.000 ihrer Fotoplatten in einem Lager der »Staten Island Historical Society« gefunden; Alice' Kunst löste Staunen aus.

Vor ihrem Tod lebte sie in einem privaten Pflegeheim; ihr wurde noch ein Gala-Empfang zuteil, der ihr zu Ehren in *Clear Comfort* stattfand.

Auch das viktorianische Landhaus ist originalgetreu restauriert worden. Im Salon ausgestellt: eine Kamera, wie Alice sie benutzte; die Flure säumen Fotografien. Die Galerie samt Bibliothek zeigt auch Zeitgenössisches sowie einen Film über die athletische Lichtbildnerin. Genießen Sie das Kulturangebot, machen Sie ein Picknick auf dem Rasen und halten Sie es in Bildern fest – ganz im Geist der Frau mit dem ungestümen Drang zur Unabhängigkeit.

Adresse 2 Hylan Boulevard (Ecke Edgewater Street), Staten Island, New York 10305, Tel. +1 718.816.4506, www.aliceausten.org, info@aliceausten.org | **Anfahrt** zur Staten Island Fähre: Subway: South Ferry (1); Bowling Green (4, 5); Whitehall St-South Ferry (R), Bus: M5, M15, M20; von der Anlegestelle auf Staten Island: Bus: S51 (zum Hylan Boulevard) | **Öffnungszeiten** März–Dez. Di–So 11–17 Uhr; Jan., Feb. nur nach Vereinbarung | **Tipp** Besuchen Sie auch die schräge Galerie hinter der Theke des DeLuca General Store in der Bay Street, wo Freunde der Volkskunst sich für die handgefertigten Schlachtschiffe, Roboter, Flugzeuge und Raketen DeLucas begeistern.

2 Die alte Synagoge
Man möchte glauben

Im 19. Jahrhundert wimmelten die Straßen der Lower East Side von Pferden, Schubkarren und Menschen. Einwanderer aus Italien, Russland und Polen strömten hinzu; ihre überreichen Familien mussten in den engen Räumen der Mietskasernen ihr karges Leben fristen. In diesem Elend waren Gotteshäuser wie sichere Häfen. Als einer der ersten Sakralbauten der USA, die von jüdischen Immigranten errichtet wurden, öffnete die Synagoge mit Hilfe von Spenden wohlhabender Gemeindemitglieder und einer Hypothek ihre Pforten 1887.

Unten in der Halle versammeln sich noch heute Gläubige zu den Freitags- und Samstagsgebeten. Auch die Führungen beginnen hier; kundige Guides beleuchten historische Details, etwa die Frage, warum der zentrale Leuchter kopfüber hängt – was durchaus sinnvoll war, als man von Gaslicht auf Glühbirnen umstellte. Hier steht auch der Schrank, in dem die Thora-Rollen aufbewahrt werden – älter als das Haus selbst.

Oben im Hauptgeschoss bereitet Sie nichts darauf vor, was Sie erblicken, sobald sich die Türen zum Allerheiligsten öffnen: eine Pracht! Die 15 Meter hohe Sternendecke, die Oberlichter, Buntglasfenster, Messingleuchter, der Balkon und die Illusionsmalerei auf den Marmorflächen wurden dazu entworfen, in enge Quartiere gepferchte Menschen an einen grandiosen, berauschend transzendenten Ort zu entführen. Man kann sich vorstellen, welche Freude die an der Welt Verzweifelten empfanden, wie sie beteten und sich unterhielten, um der chaotischen Welt da draußen eine Weile zu entkommen.

In den 1950er Jahren wurde das Haus geschlossen und blieb Jahrzehnte unbeachtet, bis es 1986 wiederentdeckt und unter Denkmalschutz gestellt wurde. 2007, 20 Jahre und 20 Millionen Dollar später, öffnete die Synagoge ihre Pforten zum zweiten Mal. Hier werden nun Konzerte gespielt, Vorträge gehalten, Festivals gefeiert –, und man möchte glauben, dass jemand da draußen Gebete erhört.

Adresse 12 Eldridge Street (zwischen Canal und Division Street), New York 10002, Tel. +1 212.219.0302, www.eldridgestreet.org | **Anfahrt** Subway: East Broadway (F); Grand St (B, D); Canal St (6), Bus: M 9, M 15, M 22, M 103 | **Öffnungszeiten** So – Do 10 – 17 Uhr, Fr 10 – 15 Uhr, Sa und an nationalen und jüdischen Feiertagen geschlossen | **Tipp** Einen authentischen Eindruck vom Leben der Einwanderer von anno dazumal bekommen Sie im »Lower East Side Tenement Museum« in der 97 Orchard Street.

3 __ Der älteste Gullydeckel
See you later!

Der Eingang zum Geheimversteck der Ninja-Turtles? Nicht ganz. Urbanen Legenden zufolge führen die Abwasserkanäle unterhalb der Gullydeckel ins Reich ganz anderer Mutanten. Alligatoren! Wie das möglich ist? In den 1950er Jahren pflegten sich heimkehrende Florida-Urlauber schon einmal Reptilienbabys als Souvenirs mitzubringen. Als die Kreaturen dem Kindchenschema (so vorhanden) endgültig entwuchsen, verschwanden sie flugs via Toilettenspülung in der Kanalisation, wo sie sich von Müll und Ratten ernährten und Jahrzehnte später noch immer die Tunnel des Untergrunds bepaddeln sollen.

Der älteste jener Deckel, die New Yorks Unterwelt gnädig bedecken, findet sich in der Jersey Street, einer winzigen Gasse in SoHo. »CROTON AQUEDUCT 1866« ist auf seiner abgewetzten Oberfläche zu lesen; sie markierte damals den Zugang zur ersten Wasserversorgungsstelle der Stadt. Zuvor war es unmöglich geworden, den Süßwasserbedarf aus Brunnen und Quellen zu decken; das verdreckte Wasser bedrohte allgemein die Gesundheit. Abhilfe schuf schließlich das 1842 fertiggestellte »Aquaeduct«. Vom Croton River im Norden wurde nun das Wasser in Reservoire gepumpt, auf deren Fläche sich heute der große Rasen im Central Park und die öffentliche Bibliothek im Bryant Park befinden. Damals spülte ein System aus Hauptleitungen das kostbare Nass in die Behausungen.

Das erhabene Design früher Gullydeckel gab Pferden bessere Trittsicherheit, und auch Zweibeiner konnten sich hier diskret den Mist von den Schuhen schaben. Mächtig stolz war die Stadt auf ihre künstlerisch wertvollen Abflussbedeckungen – noch heute eine gusseiserne Zierde direkt zu Ihren Füßen! Sterne, Blumen, Waben, Schiffsräder, Kettenglieder, Sechsecke, manche gar mit Glaseinlegearbeiten, faszinieren ungebrochen Archäologen und Kreative; viele sind katalogisiert und schmücken Kunstbände.

Nehmen Sie sich ruhig Zeit zu staunen. Er kommt immer etwas später, der alligator.

Adresse Jersey Street (zwischen Mulberry und Crosby Street), New York 10012 | **Anfahrt** Subway: Broadway-Lafayette St (B, D, F, M); Bleecker St (6); Prince St (N, R), Bus: M 5, M 15, M 21, M 103 | **Tipp** Im Giftshop des »Lower East Side Tenement Museum« gibt es eine kreisförmige Türmatte, die einem Originalgully aus NYC im halben Maßstab nachgebildet ist.

4 Das B&H Dairy Restaurant
Milchküche am Yiddish Broadway

Einst kannte man die Lower Second Avenue als »Yiddish Broadway«, als eine pulsierende Entertainment-Meile für jüdische Einwanderer aus Osteuropa, die im heutigen East Village wohnten. Theater und Varietés säumten die Bürgersteige neben Restaurants, die üppige Portionen traditioneller Gerichte auftischten. Bei ihnen schmeckte noch alles wie bei *bubbe*, der Großmutter in der »alten Heimat«. Da die koschere Küche eine strikte Trennung von Fleisch- und Milchgerichten vorsieht, servierten einige Gaststätten ausschließlich fleischlose Mahlzeiten, »Milchküche« genannt.

Winzig, altersschäbig und mit einem schmalen Gang zwischen den Thekenhockern und den sechs kleinen Tischen, ist es hier so eng, dass selbst das magerste Model kaum durchpassen würde, ohne Piroggen von Tellern zu fegen. Abie Bergson, die ursprüngliche Inhaberin und das »B« von B&H, hielt nichts von Expansion; sie glaubte, es sei besser, wenn Gäste auf Tische warteten statt umgekehrt. Sie sollte recht behalten: Der Laden läuft seit 1938, während opulentere Konkurrenz wie Ratner's oder Rappaport's schließen musste.

Heute ist das Personal überwiegend hispanischer Herkunft, doch die alten Hasen hier schwören, die jüdischen Speisen und das Soulfood hätten sich seit dem Tag der Eröffnung nicht verändert. Gargantueske (»Was? Alles für mich?«) Platten mit Bliny, Latkes, Kaschas, Varnischkes, Linsen- und Erbsensuppe, Borschtsch oder Matzenknödelsuppe werden mit hausgebackenem, gebuttertem Challa-Brot angerichtet. An den Wänden stehen Suppen, Gerichte und Specials des Tages angeschrieben – zu geradezu sanften Preisen.

Über die Jahrzehnte hat B&H hungrige Schauspieler, Beatniks, Hippies, Hipster, Collegestudenten und Die-Hards durchgefüttert. Wenn Sie Glück haben, ist Ihr Tischnachbar vom echten Broadway, vielleicht gar berühmt. Vielleicht auch wird er Ihnen was erzählen – vom schnell gewordenen Geschäft und von der guten alten Zeit.

Adresse 127 Second Avenue (Nähe St Marks Place), New York 10003, Tel. +1 212.505.8065 | **Anfahrt** Subway: Astor Pl (6); 8 St-NYU (N, R), Bus: M 1, M 2, M 3, M 8, M 15, M 101, M 102, M 103 | **Öffnungszeiten** So–Do 7–23 Uhr, Fr und Sa 7–24 Uhr | **Tipp** Glanzpunkte der Backkunst aus der alten jüdischen Welt wie »Babkas«, »Rugelach« oder fruchtgefüllte »Hamantaschen« füllen die Regale des nahe gelegenen Moishe's Bake Shop.

5 The Back Room
Tabu in der Teetasse

Die vielleicht einzige Bar der Welt, deren Türsteher Sie freudig mit der Hand wedelnd zum Eingang geleitet: »Das Back Room? Da runter!« Die Stufen führen hinab in ein finsteres Gässlein; über eine rostige Eisenstiege gelangen Sie schließlich zu einer geschlossenen Tür. Nur Mut und rein. Die Beleuchtung ist schummerig, umso lebhafter sprühen die Funken. Schöne, lächelnde Menschen tanzen und turteln neben einer Spiegelbar im Stil der wilden Zwanziger. Kesse Damen riskieren lüsterne Seitenblicke von Gemälden herab. Ein paar Schritte höher heizt eine poshe Lounge die Stimmung weiter auf: rote Samtsofas, Cocktailtische und Kunstobjekte, die sich elegant zum Glühen des Kamins und dem Blitzen der Lüster gesellen. Als Verneigung vor jenen Tagen, in denen Alkohol verboten war und nur in diskretem Umfeld genossen wurde, serviert das Back Room seine potenten Cocktails »getarnt« in Teetassen, Flaschenbier in Papiertüten, frisch Gezapftes in Kaffeebechern und Schnaps in Mokkatässchen.

Viele trendige Bars der Stadt geben sich als »speakeasys«, als ehemalige Geheimspelunken der Prohibitionszeit, aus; dieses versteckte Nachtlokal hier ist tatsächlich eine. Damals kam man durch die Hintertür von Ratner's herein, einem Restaurant der Lower East Side, das rund um die Uhr Größen wie Al Jolson, Fanny Brice, Groucho Marx und Gangstern wie Bugsy Siegel, Lucky Luciano oder Meyer Lansky auftischte. Nachdem die illustren Gäste ihre koscheren Delikatessen verspeist hatten, verzogen sie sich in den back room, das »Hinterzimmer«. Noch heute trifft man hier auf Prominenz, die im (nach wie vor) verborgenen »Back Of The Back Room« ausschweifende Partys feiert.

Toasten Sie den Twenties zu! Alles stimmt: Die Weekends sind wild, der Zugang zum Live Jazz in Lucky's Lounge erfordert ein Codewort, und die Poetry Brothels – »Poetische Puffs« – am letzten Sonntag des Monats entziehen sich jeder höflichen Beschreibung.

Adresse 102 Norfolk Street (zwischen Delancey und Rivington Street), New York 10002, Tel. +1 212.228.5098, www.backroomnyc.com, info@backroomnyc.com | **Anfahrt** Subway: Essex St (J, M, Z); Delancey St (F); Grand St (B, D), Bus: M 9, M 14, M 15, M 21 | **Öffnungszeiten** So–Mo 19.30–2 Uhr, Di–Do 19.30–3 Uhr, Fr–Sa 19.30–4 Uhr | **Tipp** Wer vom Tanzen hungrig geworden ist, sollte »Schiller's« in der Rivington Street aufsuchen. Dort bekommt man freitags und samstags bis drei Uhr morgens Warmes in den Bauch.

6 Batman meets Poe

Partners in crime

Edgar Allan Poe war der Meister der modernen Detektivgeschichte; Batman beackert ein ähnliches Gräberfeld. Es mag bizarr anmuten, eine Verbindung zwischen dem Literaturgiganten des 19. und dem »Superhelden« des 20. Jahrhunderts herstellen zu wollen. Tatsächlich jedoch gibt es eine Schnittstelle dieser beiden »Leben« – im »Bronx Grand Concourse«. Anno 1846 mietete Poe ein kleines Holzhaus in der damals noch ländlichen Bronx; er erhoffte sich Linderung für seine tuberkulosekranke Frau Virginia – die jedoch bald starb. Poe, der in diesen Räumen »The Bells« und »Annabel Lee« schrieb, blieb bis zu seinem Tod 1849.

Über die Jahre entwickelte sich Grand Concourse zu einem belebten Wohnviertel. Poes Hütte musste weichen, wurde in einen Park umgesiedelt und später nach dem Großmeister des literarischen Grusels benannt. Dem Interieur sind einige Originalstücke erhalten geblieben, darunter ein verschrammter Spiegel und das Bett, in dem Virginia hinüberschlummerte. »Poe Cottage« erhielt auch ein Besucherzentrum; sein Design mit Dachziegeln, ähnlich schwarzen Federn, folgt den gespannten Flügeln eines Raben – als Hommage an Poes berühmtestes Gedicht »The Raven«. Aus aller Welt kommen Poe-Fans, um leibhaftig zu sehen, wo der Maestro der dunklen Spannung gelebt und gewirkt hat, und gedenken seiner im Musikpavillon von 1925, wo Themenevents stattfinden.

Eine wenig bekannte Geschichte eint die beiden Heroen: 1939 saßen auf einer dieser Bänke die Freunde Bob Kane und Bill Finger und brüteten über der Idee einer Comicfigur namens Batman. Regelmäßig trafen sie sich zum Brainstorming und erörterten, wie der enorm erfolgreiche Rivale Superman getoppt werden könne. In ihren Köpfen entstanden hier das kultige Fledermauskostüm, Sidekick Robin und diabolische Erzschurken. Kein Wunder, dass viele von Batmans finsteren Abenteuern – »Deep into that darkness!« – unverkennbar durch Poes Erzählungen inspiriert sind.

Adresse Poe Cottage: 194th Street und Kingsbridge Road, Bronx, New York 10458; Poe Park Visitor Center: 2640 Grand Concourse, Bronx, New York 10458, Tel. +1 718.365.5516 | **Anfahrt** Subway: Kingsbridge Rd (B, D, 4), Bus: BX 1, BX 2, BX 9, BX 12, BX 22, BX 28, BX 32, BX 34 | **Öffnungszeiten** Poe Park: täglich 7–22 Uhr; Visitor Center: Di–Sa 8–16 Uhr; Poe Cottage: Do–Fr 10–15 Uhr, Sa 10–16 Uhr, So 13–17 Uhr | **Tipp** Als Kind hat Regisseur Stanley Kubrick in der Nähe gewohnt und sich im »Loew's Paradise Theater« (188th Street und 2403 Grand Concourse) an düsteren Werken der Filmkunst delektiert.

7 Boccia bei Il Vagabondo
Gerollt, nicht geworfen

Als der Großvater des heutigen Inhabers Ernest Vogliano zu Beginn des 20. Jahrhunderts sein Restaurant eröffnete, baute er eine Boccia-Bahn gleich mit ein, um den italienischen Einwanderern etwas zu bieten. Der soziale Treffpunkt, an dem Boccia gespielt und Espresso getrunken wurde, erreichte einen ersten Höhepunkt seiner Beliebtheit, als auch Alkohol ausgeschenkt und Sandwiches und Spaghetti serviert wurden. 1965 schließlich drängten rekordverdächtige Massen ins Lokal, um hier Originalgerichte aus der alten Heimat zu genießen – und das Original-Spiel gleich dazu. So groß war der Andrang, dass bald zwei Nachbarhäuser angegliedert werden mussten.

Die Bar ist für ihr Altwelt-Flair und die gute Stimmung berühmt. Eine Tür zu den hinteren Räumen führt links zu einer brechend vollen Gaststube und rechts zur Bocciabahn, die bescheidener dimensioniert ist als reguläre Bahnen unter freiem Himmel. Die Holzbälle werden gerollt statt geworfen, um zu verhindern, dass sie hochspringen und dabei Speisende verletzen. Statt der traditionellen Zielkugel (»pallino«) besteht das Ziel hier aus einem Metallring. Zwei Spieler wechseln sich darin ab, jeweils vier Kugeln ins Ziel zu befördern. Einen Punkt gibt es für jede Kugel, die dem Ziel möglichst nahe kommt, und wer zuerst 11 Punkte beisammen hat, ist der Sieger.

Während Sie diesem Spektakel zuschauen, lässt es sich wunderbar am Wein und an den deftigen italienischen Mahlzeiten delektieren, die hier aufgetischt werden. Starkoch Emeril LaGasse preist Vagabondos Kalbfleisch *parmigiana* als das beste der Welt. Als Dessert bietet sich ein »bocce ball« an, eine von schwarzer Schokolade umhüllte Eiskugel. Während des Essens brauchen Sie nicht mitzuspielen, davor oder danach allerdings ist Ihre Beteiligung sehr erwünscht. Was vielleicht nicht so schwerfällt, wenn man weiß, dass es hier auch schon Cindy Crawford oder Tom Hanks locker haben anrollen lassen.

Adresse 351 East 62nd Street (Nähe First Avenue), New York 10021, Tel. +1 212.832.9221, www.ilvagabondo.com, bocce@ilvagabondo.com | **Anfahrt** Subway: Lexington Av/59 St (4, 5, 6, N, R); Lexington Av/63 St (F), Bus: M 15, M 31, M 57, M 66, M 101, M 102, M 103 | **Öffnungszeiten** Mo–Fr 12–15 und 17.30–23 Uhr, Sa 17.30–23.30 Uhr, So 17.30–23 Uhr | **Tipp** Direkt um die Ecke, bei »Dangerfield's«, New Yorks ältestem Comedy Club, lassen sich allabendlich begeisterte Tränen lachen.

8 Bohemian National Hall
Reality Tscheck

Hier sind zeitgenössische Kunst, Musik-Events und Filme zu bestaunen? Kaum zu glauben. Der wenig bekannte Bau in einer verschlafenen Straße der Upper East Side scheint nichts weiter zu sein als ein elegantes Stadthaus im Neorenaissance-Stil. Treten Sie jedoch ein, trifft Sie der postmoderne Kulturschock: eine schicke Lobby ganz in Weiß, mit prägnanten Slogans und Zitaten verziert, Multimedia-Projektoren und eine Kunstgalerie hinter Glaswänden. Der leuchtend gelbe Empfangstisch steht einer Wendeltreppe im Space-Look und einem technisch hochgerüsteten Vorführraum gegenüber.

Hier haben sich lokale und internationale Organisationen der Vermittlung und Pflege der tschechischen Kultur verschrieben, rufen zum Dialog zwischen US-amerikanischen und tschechischen Gemeinden auf und warten mit einem vollgepackten Event-Kalender auf: Performances, Ausstellungen, Film-Screenings auf dem Dach, Vorträge, Workshops und Galas, alle auf Englisch abgehalten oder mit Untertiteln versehen. Für jeden Geschmack gibt es hier etwas – und sei es das auf vier verschiedene Arten gezapfte Pilsener im »Hospoda«, einem edlen Gastropub mit kreativer Karte.

1897 von tschechischen und slowakischen Einwanderern erbaut, war das Haus lebenswichtig für das Gemeindeleben – mit Theater, Tanzsaal, Clubräumen, einer Kegelbahn, sogar einem Schießstand. Fast ein Jahrhundert lang bot es eine wichtige Bühne für Feiern, Versammlungen, Sprachunterricht und politische Aktionen. Als jedoch die tschechische Bevölkerung der Gegend schwand, blieb das Gebäude bald dem Verfall überlassen. Erst 2001 wurde das Eigentum daran für einen symbolischen Dollar der Tschechischen Republik überschrieben, und die Renovierungsarbeiten begannen. 2008 war die Generalüberholung samt Re-Design des Interieurs abgeschlossen; es zog auch das Konsulat des Landes ein. Gehen Sie hin: Die New Yorker Original-Bohème muss kein böhmisches Dorf bleiben.

Adresse 321 East 73rd Street (Nähe Second Avenue), New York 10021, Tel. +1 212.988.1733, www.bohemiannationalhall.com, www.czechcenter.com | **Anfahrt** Subway: 77 St (6), Bus: M 15, M 68, M 72, M 79, M 101, M 102, M 103 | **Öffnungszeiten** 10–18 Uhr | **Tipp** Schauen Sie sich Kunst und Antiquitäten bei Sotheby's, dem legendären Auktionshaus, Ecke 72nd Street und York Avenue an. Mitbieten erlaubt!

9 Die Bootsfahrt im Central Park

Viersitzer, Yachten und Regatten

Werden Ihnen Trubel und Rasanz der Stadt zu viel, bestücken Sie einfach Ihren Picknickkorb beim Deli an der Ecke und machen Sie sich auf zum »Boathouse« im Central Park. Mieten Sie ein Ruderboot, paddeln Sie hinaus auf die Mitte des neun Hektar großen, malerischen Sees und lassen Sie sich entspannt treiben. Unter der gusseisernen Bow Bridge – aus Filmen, TV-Shows und Werbespots bekannt – lässt sich ein Blick auf freundliche Schildkröten erhaschen, die diese ruhigen Wasser bevölkern. Am westlichen Rand des Sees liegt »Ladies Pavilion«, eine schmiedeeiserne Gartenlaube aus viktorianischer Zeit. Einst wurde sie als Unterstand für Handwagen genutzt, später aber hierher verpflanzt, um als Aussichtspavillon und beliebte Hochzeitslocation zu dienen.

Die Ruderboote sind Viersitzer; Platz genug, um Familie, Freunde oder mehr als nur Freunde auf eine Fahrt durch üppiges Grün mitzunehmen, die Türme der Stadt im Hintergrund.

Landratten, die lieber vom sicheren Ufer aus Segelschoner und Klipper beobachten, können zum »Conservatory Water« auf der Ostseite des Sees hinüberspazieren. Das flache, ovale Becken ist von Miniaturboot-Teichen der europäischen Parks des 19. Jahrhunderts inspiriert; hier führen Enthusiasten windgetriebene Miniboote und funkgesteuerte Schiffchen aus. Jeder darf sein eigenes Wasserfahrzeug mitbringen oder kann eines mieten. Altgediente ›Admirale‹ geben gern Rat bei kniffligen Fragen der Navigation oder dienen – noch lieber – mit ihrem Garn von Abenteuern auf hoher Teichsee. Hinterher lohnt ein Besuch im »Kerbs Memorial Boathouse«, wo die prächtigen maßstabgetreuen Modellyachten jener Mitglieder zu bestaunen sind, die sich hier einen der gesuchten Liegeplätze gesichert haben. In der warmen Jahreszeit werden jeden Samstag Miniregatten veranstaltet. Trubel und Rasanz garantiert, aber vom amüsanten Typ!

Adresse Loeb Boathouse, mittlerer Parkabschnitt Höhe 75th Street, Tel. +1 212.517.2233; Conservatory Water, zwischen 72nd und 75th Street (Nähe Fifth Avenue), Tel. +1 212.522.0054 | **Anfahrt** Subway: 72 St (B, C, 1, 2, 3); 68 St-Hunter College (6); 77 St (6), Bus: M 1, M 2, M 3, M 4, M 72 | **Öffnungszeiten** Loeb Boathouse: April – Okt. täglich 10 – 17.30 Uhr; Conservatory Waters April – Okt. Mo – Do 11 – 19 Uhr, Fr 11 – 22 Uhr, Sa 13 – 22 Uhr, So 10 – 20 Uhr | **Tipp** Westlich des Teiches strömen an Sommersamstagen um elf Kinder zur Märchenstunde am Hans-Christian-Andersen-Denkmal. Im Norden klettern die Kleinen das ganze Jahr über auf der Alice-im-Wunderland-Statue herum.

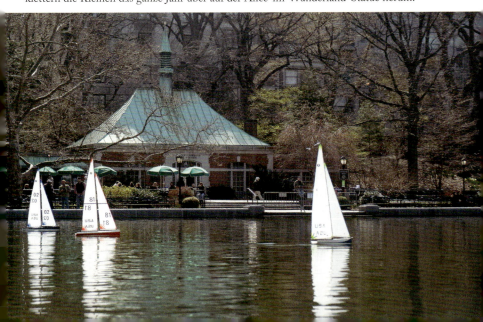

10 Brooklyn Boulders
Prickelnde Partien

Kein großes Schild kündet vom Eingang. Sie müssen schon genauer hinsehen, um das graffitibedeckte Tor zu finden, das zu einem Paradies für passionierte Kletterer, Freunde des Höhenrauschs und andere Wagemutige führt: Ein Abenteuerspielplatz in Violett, Türkis, Grün, Blau und Pink. Riesig! In der größten Kletterhalle New York Citys ragen auf 6.700 Quadratmetern die Wände schwindelerregend himmelwärts. Drehungen und kühne Wendungen strecken sich bis zu den Decken, so hoch und weit das Auge reicht, während unten dicke Schaumpolster liegen. Im Zentrum: eine Nachbildung des Brooklyn Bridge Tower, deren Spitzbögen aufstrebende Spidermen und -women herausfordern.

Adrenalinjunkies aller Altersklassen, Größen und Fertigkeiten steigen hier in die Höhe und baumeln von Steilwänden herab. Unterschreiben Sie den Haftungsausschluss, und legen Sie los – auf prickelnd eigene Gefahr. Die Kletterpartien sind mit Griffen ausgestattet, deren Farbe die Route und den Schwierigkeitsgrad bezeichnen. Ausrüstung und Schuhe können ausgeliehen werden.

Es gibt drei Typen von Kletterpartien: *Bouldering* – das Erklimmen niedriger Wände ohne Seil – steht allen offen. Beim *Top roping* wird ein Ende des Seils an Ihrem Gurtzeug befestigt, während das andere durch eine Öse ganz oben zu einer Sicherungsperson am Boden verläuft, die das Seil reguliert. Für diesen Klettertyp müssen Sie zugelassen sein. Das *Lead climbing* schließlich – Kraxelkunst für sehr Fortgeschrittene – bedarf eines speziellen Zertifikats, das Ihnen die leitenden Coaches ausstellen. Es gibt Kurse für alle Levels.

Brooklyn Boulders öffnete 2009; das Motto *Climbing + Community* bezieht sich auf Schulprogramme, Wettbewerbe, Events und auf eine Stiftung zur Förderung der Stadtjugend. Die imposanten Wandgemälde sind das Werk junger Street Artists aus NYC.

Bringen Sie Freunde mit, feiern Sie Partys, und seien Sie dem Himmel nah. Hier ist einfach alles top.

Adresse 575 Degraw Street (Ecke Third Avenue), Brooklyn, New York 11217, Tel. +1 347.834.9066, www.brooklynboulders.com, info@brooklynboulders.com | **Anfahrt** Subway: Union St (R), Bus: B 37, B 63, B 103 | **Öffnungszeiten** Mo, Mi und Fr–So 8–24 Uhr, Di und Do 7–24 Uhr | **Tipp** Nach dem Workout schmecken die hausgemachten Pickles und das Craft-Bier bei »Pickle Shack« auf der 4th Avenue besonders gut.

11 Das Bubble Building
Downtowns neuer Aufreger

Das Ästhetische dümpelte schon lange vor sich hin, als Architekten meinten, das müsse nicht sein, und am Ufer von Manhattans industriell geprägtem Meatpacking District eindrückliche Zeichen setzten. Das ehemalige Territorium verlassener Fabriken, Lagerhallen und Garagen motzten sie zur angesagten Goldküste nebst hippem Personal auf.

Besonders ins Auge ragt das Hauptgebäude der IAC (InterActiveCorp); schon aus der Ferne ein absolutes »Wow«! Unten, von der 18th Street aus, mutet es sanft kinetisch an – wie ein in Terrassen angelegter Bienenstock in Weiß oder ein wankender Turm aus eckigen, milchig schimmernden Seifenblasen. Von der 19th Street und dem Norden aus wiederum erscheint das Profil des variablen Baus dynamisch und forsch, etwa wie die geblähten Segel eines stolzen Klippers. Von welchem Winkel aus Sie das Haus auch betrachten: Es wandelt sich mit Ihnen.

Fans zeitgenössischer Architektur werden es als das Werk Frank Gehrys erkennen; es ist sein erstes New Yorker Gebäude. Während er ursprünglich eine Titan-Fassade vorgesehen hatte, bestand IAC auf ein glattes, geschwungenes Exterior aus Glas. Während Stahl oder Titan vor der Installation in Form gebracht werden können, muss Glas während des Bauprozesses vor Ort »kalt gebogen« werden. Die bauschige Form des Hauses bedingt auch ein ungewöhnliches Innendesign. Die gewaltige Lobby etwa verfügt über eine der größten hochauflösenden Videowände der Welt, die auf Straßenniveau psychedelische Farbkompositionen in die Gegend morpht.

Ein Spaziergang durch dieses dynamische Viertel lädt zu einem Blick auf den Nachbarn ein: Jean Nouvels kurviges, mosaikähnliches Wohnhaus nebenan mit seinem scharfkantigen Buntglas, Richard Meiers pinker Palazzo, der einer ehemaligen Stallung aufgesetzt wurde, sowie das neue Whitney Museum sind allesamt aufregende Hingucker. Auch hier zeigt New York, das Paradies der Baukunst, was es auf dem Zirkel hat.

Adresse 555 West 18th Street (Ecke Eleventh Avenue), New York 10011 | Anfahrt Subway: 23 St (1, C, E), Bus: M 11, M 12, M 14D, M 23 | Tipp Westbeth (55 Bethune Street) ist eines der frühesten Beispiele für alte Industriebauten, die zu erschwinglichen Apartmenthäusern für Künstler umgestaltet worden sind. 1970 eröffnet, beherbergt der Komplex Wohnungen, Studios, Galerien und Performance-Räume.

12 Building 92
Werft dich um

Es ist ein düsteres Stadtviertel mit Sozialwohnungen, tristen Geschäften und einer letzten Raststätte für abgeschleppte Fahrzeuge. In ihren glorreichen Anfangsjahren als Flottenbasis der Navy, umgeben von Bordellen und Spielhöllen, waren die 120 Hektar am Ufer noch mit Stacheldraht abgezäunt. Heute hingegen stehen die Pforten offen, und die einfallsreich zweckentfremdete Werft hat sich zu einem erfolgreichen Motor der Joberzeugung und des Wachstums gewandelt.

So riesig sind die Dimensionen, dass sich der Blick über dem Gelände verliert. Da ist Building 92 behilflich, Anlauf- wie Ausgangspunkt des Komplexes, von dem aus Bus- und Radtouren starten; zugleich ist es Schauplatz vieler interaktiver Ausstellungen zur Seefahrts- und Kriegsvergangenheit – samt dem hier gebauten Schlachtschiff *USS Arizona*, das in Pearl Harbor sank. Mindestens so interessant: die innovativ dargestellte Gegenwart und visionäre Zukunft.

Ständig heuert die kostenlose Arbeitsvermittlung Leute an; das Personal hier setzt sich zu einem Viertel aus Ortsansässigen zusammen. Der Navy Yard erhält sich selbst – müllrecyelnd, wacheschiebend, kooperativ-autark. Ökologische Technologien haben dabei Vorrang. Kürzlich, während eines Hurrikans, blieben die von einem coolen Tüftler entworfenen solar- und windgepowerten Straßenleuchten noch hell, als anderswo die Lichter ausgingen.

In den 40 Gebäuden der alten Werft arbeiten Unternehmer, Künstler und Kreative aller Couleur. Von einem Maschinengeschäft aus dem 18. Jahrhundert bis hin zu topaktuellen Konstruktionen in »Grün« gibt es alles. Zu den Mietern gehören die größte überdachte Farm der USA, ein gigantisches Filmstudio oder die erste New Yorker Whiskey-Brennerei seit der Prohibition. Auch die Fähren, Kähne und Schlepper werden hier noch immer auf massiven Trockendocks gewartet – eines davon so groß, dass das Empire State Building hineinpasste, läge es auf der Seite.

Adresse 63 Flushing Avenue (Ecke Carlton Avenue), Brooklyn, New York 11205, Tel. +1 718.907.5992, www.bldg92.org, info@bldg92.org | **Anfahrt** Subway: High St (A, C); York St (F); Clinton-Washington Avs (G); Bus: B 48, B 57, B 62, B 67, B 69 | **Öffnungszeiten** Mi–So 12–18 Uhr | **Tipp** Probieren Sie schwarzgebrannten Schnaps auf der »Whiskey Wars Tour« in der »Kings County Distillery« und entdecken Sie die wilde Geschichte von Brooklyns geistigen Getränken.

13 _ Das Campbell Apartment
Tipp eines Tycoons

Jay Gatsby lehnt am Marmorkamin und nippt lässig an seinem Martini: Wer hier eintritt, vor dessen Augen ersteht die goldene Ära des Jazz wie neu. Die Bar von subtiler Dekadenz – wohl die schönste New Yorks – und nicht zuletzt ihre versteckte Lage im Grand Central Terminal samt dem Gewimmel unzähliger Pendler macht sie zum Traum eines jeden Zeitreisenden. Halb Schloss, halb Schlupfwinkel eines Räuberbarons, bestechen mahagonigetäfelte Wände, die mit Schnitzwerk versehene und handbemalte Sieben-Meter-Decke, Bleiglasfenster, bordeauxrote Diwane und perlenbehängte Kellnerinnen in Schwarz. Bestellen Sie nun auch noch einen Cocktail aus der Zeit der Prohibition. Während Sinatra und Jazzgrößen für die Beschallung sorgen, ist der Zwanziger-Jahre-Effekt perfekt.

John Campbell, Bankier und Direktoriumsmitglied der New Yorker Eisenbahn, mietete den Ort von William Vanderbilt II, dessen Familie der Bahnhof gehörte. Er beauftragte einen Architekten, die Räumlichkeiten einem florentinischen Palast anzugleichen. Nach seinem Tod 1957 diente der Ort als Waffendepot und kurzzeitig auch als Gefängnis. Erst 1999 wurde die restaurierte Bar in ihrer ursprünglichen Eleganz neu eröffnet.

So wirkungsvoll ist die Tarnung, dass die meisten Pendler nicht einmal ahnen, dass dieser Ort existiert. Hin kommen Sie, indem Sie den Aufzug auf der unteren Ebene nehmen und dann an der »Oyster Bar« vorbeigehen. Oder Sie durchqueren die »Cipriani Dolci Bar«, bis Sie hinten eine Tür mit Schild sehen.

Am meisten ist während der Rushhour los. Wer Ruhe bevorzugt, kommt nach acht. Samstagabends wird Live-Jazz gespielt; an lauen Abenden ist eine Außenterrasse geöffnet. Schmeißen Sie Ihre Alltagsklamotten in die Ecke, und werfen Sie sich in Schale! Die Preise sind so spektakulär wie das Interieur, aber es lohnt ungemein, hier zu protzen und zu prassen und den Tycoon in sich wenigstens einmal im Leben voll heraushängen zu lassen.

Adresse 15 Vanderbilt Avenue (Nähe 42nd Street), New York 10017, Tel. +1 212.953.0409 | **Anfahrt** Subway: Grand Central-42 St (S, 4, 5, 6, 7), Bus: M1, M2, M3, M4, M42, M101, M102, M103 | **Öffnungszeiten** Fr 12–14 Uhr, Sa 14–2 Uhr, So 15–24 Uhr; Terrasse: Mo–So 14–23 Uhr | **Tipp** Hier sind die Zwanziger noch wild: in der spektakulären Art-déco-Lobby des Roosevelt Hotels, auch bekannt als »Grand Dame of Madison Avenue« (45 East 45th Street).

14 Das Chelsea Hotel
Könnten Wände sprechen

Ein Kokon der Exzentrik, der Generationen von Genies, Querköpfen und Spinnern nährte: Künstler aller Couleur schätzen die Unterkunft seit über einem Jahrhundert. Damals war sie die freizügigste (und billigste) Absteige New York Citys; hier trafen sich Seelenverwandte zum Feuerwerk der Schöpferkraft.

Wie ein Who's Who der Kulturelite liest sich die Gästeliste: Hier schrieb Jack Kerouac »On the Road«, Bob Dylan ersann »Sad-Eyed Lady of the Lowlands«; Madonna fotografierte für »SEX«; Leonard Cohen komponierte »Chelsea Hotel #2«; Arthur C. Clarke dichtete »2001: A Space Odyssey« und Arthur Miller erholte sich vom Bruch mit Marilyn. Mark Twain, Sarah Bernhardt, Jimi Hendrix, Andy Warhol, Frida Kahlo, Allen Ginsberg, Iggy Pop, Simone de Beauvoir, Tennessee Williams, Stanley Kubrick, Dee Dee Ramone oder Jackson Pollock – sie alle nächtigten hier.

1884 eröffnet, war das Chelsea nicht nur NYCs höchstes Gebäude und größtes Wohnhaus, sondern auch ein Sozialexperiment. Architekt Philip Hubert glaubte, klassenübergreifendes Wohnen lindere die Pein der Ungleichheit; also entwarf er verschiedenartige Zimmer und Suiten: kleine für die Arbeiterklasse, größere für Reiche, Ateliers für Maler sowie Säle, Dachgärten und Restaurants für alle. Finanziell rentierte sich die Utopie nicht; 1905 wurde das Chelsea als Hotel wiedereröffnet und zum Magneten der Bohème.

Stanley Bard, Inhaber von den späten 1960er Jahren bis 2007, nahm schon einmal (später weltberühmt gewordene) Bilder statt der Zimmermiete an und hängte die Wände mit Kunst voll. Gästen, die für eine Woche eincheckten, prophezeite er, sie würden für immer bleiben. In der Tat wehren sich Langzeitbewohner beharrlich gegen ketzerische Absichten, das ehrenwerte Haus in ein Boutique-Hotel zu verwandeln.

Hier fiel der Dichter Dylan Thomas in ein tödliches Koma und die Freundin von Sid Vicious wurde ermordet. Warum auch sollten zahllose Geister am Ende dem Geistlosen weichen?

Adresse 222 West 23rd Street (zwischen Seventh und Eighth Avenue), New York 10011, www.chelseahotels.com | **Anfahrt** Subway: 23 St (1, C, E, F, M, N, R), Bus: M 5, M 7, M 11, M 20, M 23 | **Tipp** Probieren Sie nebenan im »Doughnut Plant NYC« hausgemachte Spezialitäten wie Crème brûlée-, Erdnussbutter-, Brombeermarmelade- sowie Schokotorten (»blackouts«).

15 Chicos Wandgemälde
Street Art in Loisaida

Wer die Gegend um die Avenues A, B, C und D der Lower East Side abspaziert, wird bald auf grellbunte Wandbilder stoßen, die an den unerwartetsten Stellen ins Gesichtsfeld ploppen – an Zementmauern, Ladenfassaden, Security-Toren oder in hintersten Gassenwinkeln. Fast jede Einzeldarstellung dieser Open-Air-Galerie stammt von Antonio Garcia (»Chico«), einem Street Artist und Szene-Star. Hunderte von wilden Stadtgemälden tragen Chicos Signatur; gemeinsam sind ihnen ihr sozialer Appell und die trostspendenden Botschaften an die Bewohner heruntergekommener Straßenzüge in »Loisaida« – »Spanglish« für die Lower East Side, Harlem und die Bronx. Sein wüst expressives visuelles Vokabular hat Chico zum bekanntesten Wandmaler New Yorks gemacht.

Begonnen hat es anders: Aufgewachsen in einer Wohlfahrtsbehausung der Avenue D, startete er seine wändefüllende Karriere in den späten 1970er Jahren, indem er sich nachts in Bahndepots schlich und Subway-Züge mit Graffiti besprühte. Als einer der Ersten investierte er seinen ganzen Lohn in die schmierig-schöne Zierde. So viel Farbe kaufte, verarbeitete und verbreitete er, dass es bislang für über 30 Jahre Künstlerleben gereicht hat. Einige seiner Arbeiten sind Verneigungen vor Vorbildern wie JFK, Mutter Teresa, dem Papst, Popstars oder Sporthelden. Andere spiegeln das Leben der kleinen Leute, persönliche Tragödien und die Feste der Community. Angehörige von Gewaltopfern bitten ihn um Porträts ihrer Verstorbenen, während hier ansässige Händler und Barbesitzer ihn für Landschaften, Tiere und urbane Szenen an ihren Fassaden heuern.

Chicos Werke gaben dem Film »Rent« die rechte Optik; sie sind auf den Straßen und in Galerien Tokios, Londons oder Roms zu sehen. Und obwohl sich Gerüchte halten, dem Mann mit der Dose seien die giftigen Dämpfe ungünstig zu Kopf gestiegen, scheint seine Kreativität ungebrochen. Noch immer versprüht er die Hoffnung der Provokation.

Adresse Die meisten »Chico murals« befinden sich auf den und rund um die Avenues A, B, C und D und in den Nebenstraßen von der 1st bis zur 14th Street | **Anfahrt** Subway: 1 Av (L); 2 Av (F), Bus: M 8, M 9, M 14A, M 14D, M 21 | **Tipp** Genießen Sie »corned beef on rye« (Corned Beef auf Roggenbrot) bei Katz's Delicatessen; hier wurde die urkomische Fake-Orgasmus-Szene aus »Harry und Sally« gedreht.

16_ Das China Haus
Menschen aus der Mitte

Eine Tür öffnet sich nach Chinatown, die andere nach SoHo: Allein das bauliche Design des MOCA schlägt eine symbolische Brücke zwischen Alt und Neu, um der Identität einer Doppelkultur gerecht zu werden.

Im Zentrum liegt ein Backstein-Atrium unter Himmelslicht – es ähnelt sowohl den Höfen chinesischer Wohnsitze als auch den Wänden zwischen amerikanischen Mietshäusern. Ringsumher liegen Galerien US-chinesischer Berühmtheiten, deren Porträts auf Tafeln projiziert sind. Die durchscheinenden, geisterhaften Gesichter muten an, als würden sie sich auf magische Weise über den Hof hinweg – und über Jahrzehnte hinweg – begegnen.

In der Lobby steht die »Journey Wall«; in ihre Bronzekacheln sind zweisprachig Familiennamen, ihre Herkunft und der Ort der Einwanderung eingraviert. In der Hauptgalerie »With A Single Step« hauchen wandhohe interaktive Exponate der 160-jährigen gemeinsamen Geschichte Leben ein. Werfen Sie einen Blick auf Schulbücher, Werbeanzeigen und Poster, die brutale rassistische Klischees entlarven. Setzen Sie sich in den harten Verhörstuhl. Entdecken Sie das Neonschild für »Chop Suey« – eine rein amerikanische Erfindung! –, und betrachten Sie Wochenschauen wie »China schlägt zurück!« aus dem Krieg mit Japan. Fotos, Briefe, Zeitungsausschnitte, Filme und Tonaufnahmen ehren jene, die mithalfen, Amerika aufzubauen: von Eisenbahnarbeitern über Wäscher und Restaurantangestellte bis zu Gelehrten. Und bewundern Sie jene, die »es geschafft« haben: den Filmstar Anna May Wong, den Farmer Ah Bing, den Cellisten Yo-Yo Ma, die Eiskunstläuferin Michelle Kwan, den Architekten I.M. Pei.

Eine weitere Galerie bildet einen jener Kramläden mit integrierter Reiseagentur nach, auf die Immigrantenfamilien angewiesen waren, um mit China und den Chinatowns anderer US-Städte Kontakt zu halten. Filme, Festivals, Lesungen und Führungen ergänzen Ihre Reise in die Mitte der Menschen aus ebenjenem Reich.

Adresse 215 Centre Street (zwischen Howard und Grand Street), New York 10013, Tel. +1 212.619.4785. www.mocanyc.org, info@mocanyc.org | **Anfahrt** Subway: Canal St (6, N, R, Q, J, Z), Bus: M 5, M 9, M 15, M 22, M 103 | **Öffnungszeiten** Di, Mi und Fr–So 11–18 Uhr, Do 11–21 Uhr, Mo geschlossen | **Tipp** Stöbern Sie in der 239 Centre Street (dritter Stock) durch »Posteritati«, ein Archiv von über 9.000 internationalen Filmpostern – einschließlich eines echten »King Kong« – zu Preisen von 20 bis 75.000 Dollar.

17 _ Das City Reliquary
Schabe und Schaufenstertorte

Es sieht aus wie die Nachbarskneipe, ist aber ein Minimuseum. Dieses Portal zu einer Expedition ins unbekannte New York und seine Geschichte wartet mit einer Fülle von kuriosen, nachdenkenswerten und witzigen Schätzen der Stadt auf. Wändelang und vom Boden bis zur Decke quellen Regale, Vitrinen und jede nur erdenkliche Nische über von oft unbeschreiblichen Exponaten.

Nostalgie ist das Codewort: Ein Zeitungsstand aus Chinatown, der vom Müll gerettet wurde; das Instrumentarium eines altmodischen Friseursalons; verwesender Schaufensterkuchen einer pleitegegangenen Brooklyner Bäckerei. Sie sind hier, um Geschichte zu erzählen, und zwar persönlicher und profunder als in den offiziellen Hochglanzinstitutionen: alte Seltzer-Flaschen, Schilder, Erinnerungsstücke von der World's Fair 1939 und 1964, Freiheitsstatuetten, sogar Teile von Gebäuden und vom Grundfelsen der Stadt.

Es begann 2002, als Feuerwehrmann Dave Herman in seinem Erdgeschoss-Apartment in Brooklyn eine skurrile Sammlung von NYC-Memorabilia und eine selbst gezeichnete Karte von lokalen Sehenswürdigkeiten in seinem Fenster ausstellte. Die nächsten vier Jahre sammelte die ganze Nachbarschaft mit, und selbst Ex-New Yorker spendeten Andenken für Daves exzentrisches Projekt. 2006 schließlich bekam die Sammlung eigene Räume und nannte sich nun »Reliquienkammer der Stadt«, ein Bürgermuseum mit Vorständen und Ehrenamtlichen.

Betreten wird das einzigartige Gerümpel-Gedächtnis-Haus durch eine alte Subway-Personenschleuse. In einem Nebenraum befassen sich Ausstellungen mit ungewöhnlichen Aspekten des Lebens, der Arbeit und der Kunst; jeder darf sich darum bewerben, hier mit auszustellen. Im Hinterhof finden spezielle Events statt – Konzerte, Filmvorführungen, Partys. Im Geschenkeshop gibt es so schöne Mitbringsel wie eine Plastiknachbildung des »NYC Croton bug«, der stadteigenen Küchenschabe. Ob Kuchen oder Kakerlake: nur in New York!

Adresse 370 Metropolitan Avenue (Nähe Havemeyer Street), Brooklyn, New York 11211, Tel. +1 718.782.4842, www.cityreliquary.org | **Anfahrt** Subway: Metropolitan Av (G), Lorimer St (L), Marcy Av (J, M), Bus: B 24, B 62, Q 59 | **Öffnungszeiten** Do – So 12 – 18 Uhr | **Tipp** Am Ende der Straße liegt »Radegast Hall & Biergarten«, ein österreichisch-ungarisches Bierhaus und Restaurant in den Nobelruinen zweier historischer Warenhäuser.

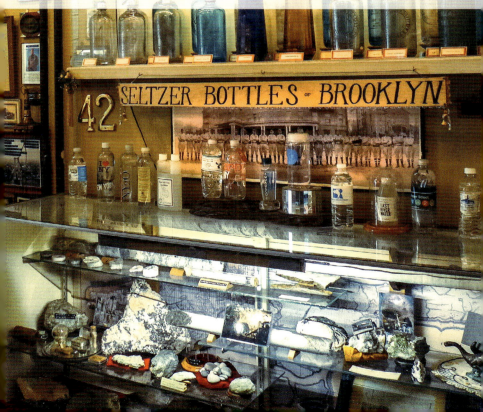

18 Die Coney Island Circus Sideshow

Messerschlucker, Feuerspucker

Nehmen Sie sich noch einen Hotdog mit, schlendern Sie hinüber zu den »sideshows« am Seeufer und bestaunen Sie live Schwertschlucker, Feuerspucker, Kobra-Beschwörer, Schlangenmenschen, Entfesselungskünstler und »anders Geborene«, in der Zirkuswelt des 19. Jahrhunderts noch »freaks of nature« genannt, die ihre Kunststücke vorführen. Das Schaustellerparadies mitten im Herzen von Brooklyns Coney Island ist ein Massenspektakel, bei dem immer etwa zehn Artisten gleichzeitig auftreten; hier ist das Erbe von Varieté, Burleske, Houdini und P. T. Barnum noch lebendig.

Das mit flippigen Plakaten und Cartoon-Schildern von Künstlern des »Coney Island Museum« garnierte blau-weiße Gebäude kann man gar nicht verfehlen. Während Sie auf den Einlass warten, harren im Shop Kuriositäten Ihrer Neugier; unter dem Hammerhai, der von der Bar herabhängt, lässt sich ein letzter Drink nehmen.

Schließlich öffnet ein Herr mit Strohhut die Tür und geleitet Sie zum etwas heruntergekommen wirkenden Theater mit Holzsitzen vor einer spärlich beleuchteten Bühne. Das Schäbige hat Methode; es *soll* hier vulgär und darum authentisch aussehen. Ein Conferencier betritt die Bühne, mustert das Publikum, reißt Witze, macht ironische Bemerkungen und präsentiert schließlich eine skurrile Truppe bemerkenswerter Zirkuskünstler, die Sie nun das Lachen, Heulen und Zähneklappern lehren: Da werden Nägel durch Nasen gehämmert, die Jungfrau in ihrer Kiste zersägt; Messer, Schwerter, Flammen und Riesenballons verschwinden in Kehlen. Freiwillige aus dem Publikum werden unter Strom gesetzt; eine kleinwüchsige Ein-Mann-Band rockt von einem Mini-Rollstuhl aus. Hier lebt die Tradition der amerikanischen »sideshow« noch, eine der ältesten Formen des Theaters: Nehmen Sie also Ihre Beine unter den Arm – oder den Kopf! – und lassen Sie sich vom Jahrmarktzauber verführen.

Adresse 1208 Surf Avenue (Nähe 12th Street), Brooklyn, New York 11224, Tel. +1 718.372.5159, www.coneyisland.com, info@coneyisland.com | **Anfahrt** Subway: Coney Island-Stillwell Av (D, F, N, Q), Bus: B 36, B 64, B 68, B 74, B 82 | **Öffnungszeiten** von Mitte Juni bis zum Labor Day täglich 13–20 Uhr; auf der Webseite werden zusätzlich die Frühlings- und Septemberprogramme veröffentlicht | **Tipp** Tagsüber lohnt der kurze Spaziergang über den Boardwalk zum »New York Aquarium«. An Freitagabenden im Sommer werden hier auch Feuerwerke am Strand gezündet.

19 Croquet im Park
Adrette Etikette

Spannen durch den Zaun bereits sehr empfohlen: Auf dem manikürten Rasen sehen Sie weiß gekleidete Gestalten dabei zu, wie sie mit Holzschlägern auf bunte Bälle eindreschen. Hier versammeln sich die Schaulustigen; Neulinge versuchen, den Regeln zu folgen. Gesellen Sie sich zwanglos hinzu, und Sie werden Croquet und seine Spieler kennenlernen, wie sie auf diesen Plätzen seit 1972 zugange sind.

Die Schläger nennt man Mallets, die Drahtbügel auf dem Boden Wickets, und was einfach aussieht, erfordert großes Geschick. In »Alice im Wunderland« kommt der Krockethammer der Herzkönigin als lebendiger Flamingo daher, und der Igel gibt den Ball. Die Spieler von heute bevorzugen es nüchterner, ihre Ausrüstung ist weniger phantastisch, aber der Wettkampf ist noch immer hart.

Seinen Ursprung hat das Spiel im Frankreich des 11. Jahrhunderts, damals »jeu de mail« genannt. Drei Jahrhunderte später borgten sich die Briten den Zeitvertreib aus, und die Iren machten schließlich das heutige Croquet daraus. Veränderungen der Schotten führten sodann zu einer ganz anderen guten Partie: dem Golfspiel. Ludwig XIV. wiederum war so verärgert über seine eigene Unfähigkeit, sich winters im Freien sportlich zu betätigen, dass eigens eine Croquet-Variante für drinnen ersonnen wurde – uns als »English Billiards« bekannt.

Die ersten Wettkämpfe der USA begannen mit der Gründung des New York Croquet Club 1967. Mitglieder sind Männer wie Frauen aller Altersklassen und sozialer Hintergründe, vom Börsenmakler bis zum Schüler. Viele Aktive auf den Plätzen sind bei internationalen Turnieren gelistete Champions. Wenn Sie Croquet erlernen oder Ihre vorhandenen Künste auffrischen möchten – nehmen Sie doch eine Gratisstunde beim Experten: immer montagabends von Mai bis Oktober. Ganz in Weiß brauchen Sie nicht zu erscheinen, aber flache Schuhe sind ein Muss.

Ansonsten muss niemand müssen, aber wäre es nicht ein Spaß, wenn Sie's könnten?

Adresse betreten Sie den Park über die West 69th Street, Central Park West, New York 10023, Tel. +1 917.310.8724, www.newyorkcroquetclub.com, nycroquetclub@yahoo.com |
Anfahrt Subway: 66 St-Lincoln Center (1); 72 St (1, 2, 3); 59 St-Columbus Circle (A, B, C, D), Bus: M 5, M 7, M 10, M 20, M 66, M 72, M 104 | **Öffnungszeiten** Mai – Okt. 8 Uhr bis zur Dämmerung; kostenloser Unterricht Mo 18 Uhr bis zur Dämmerung |
Tipp »Le Pain Quotidien«, nur Schritte vom Croquetplatz entfernt, serviert leckere Schnitten, französisches Gebäck und eisgekühlten Hibiskustee für Ihr Picknick auf dem »Great Lawn«, dem großen Rasen.

20 Der Cupcake-Automat
Nachts ist süßer als draußen

Ein Uhr nachts: Ihre schwangere Frau überkommt eine ihrer Heißhungerattacken. Drei Uhr: Sie haben zu viel getanzt und gesoffen, plötzlich überwältigt Sie ein nagender Schmerz. Fünf Uhr: Ihr Mitbewohner erwacht aus einem seiner Albträume von Charlie und der Schokoladenfabrik, und sein süßer Zahn schrillt Alarm. Ein Zustand der Verzweiflung, der Ihnen nur zu vertraut ist. Was tun zu dieser unchristlichen Zeit? Problem gelöst: Hüpfen Sie in ein Taxi, und fahren Sie zum Automaten gegenüber von Bloomingdale's. Nicht um Bargeld zu holen, Sie Trottel! Sondern ... einen Cupcake!

Fahren Sie mit zittrigen Fingern über den Touchscreen – genau wie bei Ihrer Bank. Die Prozedur ist simpel, doch nur genau einen Cupcake auszuwählen überfordert Sie jetzt vielleicht. Sie können sich nicht entscheiden zwischen Zucker-Zimt, Zitrone-Kokos oder Banane-Schoko? Nehmen Sie alle! Es gibt sogar Hunde-Cupcakes, damit Ihr vierbeiniger Liebling auch was davon hat. Die Maschine schafft bis zu vier Bestellungen auf einmal. Wählen Sie, stecken Sie Ihre Kreditkarte in den Schlitz und – voilà! – schon öffnet sich ein Türchen, und der köstliche Schatz für die Naschkatzen der Nacht erscheint in einem Karton in Pink-Braun. Reißen Sie ihn auf, und machen Sie sich her über die süße Satisfaktion!

Sprinkles, eine Bäckerei mit Sitz in Beverly Hills, die sich auf Gourmet-Varianten spezialisiert hat, ist einer der Hauptverursacher des gegenwärtigen Cupcake-Hypes. Die Idee zu einem 24-Stunden-Automaten wurde geboren, als – ja – Candace Nelson schwanger war und nächtliche Sehnsüchte verspürte. Daher sind die Maschinen ganzjährig rund um die Uhr in Aktion und bieten 20 frisch gebackene Sorten dar. (Der Bauch des Automaten fasst 800 Stück.) Sie verwöhnen Genussspechte und -feliden, Mitternacht-Kulinarier oder auch schlicht alles Volk, das es cool findet, wenn eine Maschine Essbares ausspuckt. Nachts ist eben so lecker wie draußen ...

Adresse 780 Lexington Avenue (Nähe 60th Street), New York 10065, www.sprinkles.com/cupcake-atm, atm@sprinkles.com | **Anfahrt** Subway: 59th St (4, 5, 6); Lexington Av/59 St (N, Q, R), Bus: M1, M2, M3, M4, M15, M31, M57, M68, M101, M102, M103 | **Öffnungszeiten** rund um die Uhr | **Tipp** Süßfans werden auch bei »Dylan's Candy Bar« in der Nähe fündig. Gegründet wurde sie von der Tochter des Modedesigners Ralph Lauren.

21 Die Cyber-OP
Blutig war gestern

In Manhattan gibt es einen Ort, an dem auch Sie undichte Klappen schließen und Bypässe legen können. Ganz ohne Approbation lässt sich hier nachspüren, wie es sich anfühlt, wenn ein Skalpell durch Haut- und Muskelschichten gleitet, wie sich die Nähte entlang eines Einschnitts festzurren, während Sie nach Herzenslust am offenen Pumporgan operieren.

Die Nerven sind bis zum Zerreißen gespannt, jeder Handgriff muss sitzen. Wer hier die Fäden zieht, braucht Geduld und eine ruhige Hand. Für ein gutes Ergebnis bedarf es oft mehrerer Übungsrunden mit dem Joystick, um die chirurgischen Instrumente fachgerecht führen zu können. Wer danebenschnippelt, holt sich Bildschirmtipps von einem erfahrenen Kollegen, atmet tief durch und riskiert den nächsten Schnitt. Er mag noch so stümpern: Bluten muss dafür niemand.

Haptische Technologie nennt sich die Simulation taktilen Feedbacks. Die virtuelle Wunderheilung per Hightech gehört zu den beliebtesten interaktiven Medizin-Konsolen im SONY Wonder Technology Lab. Kostenlos!

Wer hier eintritt, erstellt zunächst sein virtuelles Profil auf einer Smart Card und fügt ein vor Ort gemachtes Foto hinzu. Es wird auf einen gigantischen Schirm mit den Konterfeis der Kollegen projiziert; nun gehören Sie zur Community.

Adrenalin für aufstrebende Hobby-Grünkittel ist jedoch nicht alles: In jedem weiteren Bereich des Labs aktiviert die Karte Fun und Faszination. Programmieren Sie Roboter, erschaffen Sie computergenerierte Welten und bizarre Figuren im Animationsstudio oder beobachten Sie, wie Ihre Tanzschritte in jene einer Comicfigur übersetzt werden. Fahren Sie Ihre eigene TV-Show, schneiden Sie Filmtrailer oder kreieren Sie vielspurige neue Arrangements für bekannte Songs.

Nur, telefonisch reservieren sollten Sie unbedingt – und bringen Sie Kinder mit! Sobald die Jung-Genies am Skalpell loslegen und Leben in die Gefäße bringen, stirbt niemand mehr an verödetem Herzen.

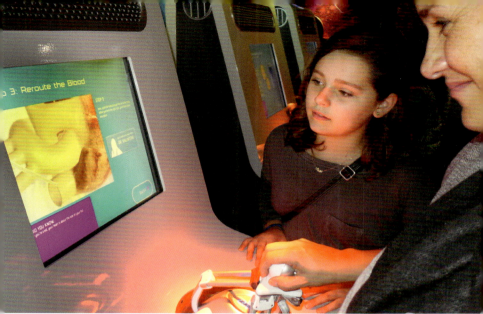

Adresse 550 Madison Avenue (zwischen East 55th und 56th Street), New York 10022, Tel. +1 212.833.8100, www.sonywondertechlab.com, info@sonywondertechlab.com | **Anfahrt** Subway: 5 Av/53 St (E, M); 5 Av/59 St (N, Q, R); 57 St (F); 59 St (4, 5, 6), Bus: M 1, M 2, M 3, M 4, M 5, M 31, M 57, M 101, M 102, M 103 | **Öffnungszeiten** Di – Sa 9.30 – 17.30 Uhr, letzter Einlass 30 Minuten vor Schließung | **Tipp** Die Plätze unter Maxfield Parrishs berühmtem, gerahmtem Wandbild in der »King Cole Bar« im St. Regis Hotel sind bei Stars und politischen Strippenziehern hochbegehrt.

22 Das Dakota
Lennon, Bernstein, Bacall

Jeder kennt es, der sich an jenen tragischen Dezembertag 1980 erinnert, an dem John Lennon, der mit Yoko Ono hier residierte, vor dem Eingang erschossen wurde. Bis heute finden sich Fans am Tor des Gebäudes ein, um Fotos zu machen, Blumen niederzulegen und das Imagine Memorial gegenüber im Central Park zu besuchen. Wahrscheinlich sagt auch der Thriller »Rosemarie's Baby« jedem etwas, in dem die unheimlicheren architektonischen Details des Dakota für Spannung sorgen.

Als es in den 1880er Jahren erbaut wurde, lag das Haus Meilen von den Wohngebieten entfernt, in denen viele wohlhabende New Yorker Villen besaßen. Seine Existenz verdankt der markante Bau einer damals kühnen Idee: Bauunternehmer Edward Clark spekulierte darauf, dass man auch die Vermögenden in ein Mehrparteienhaus würde locken können. Das bot größere Sicherheit, reduziertes Personal und gemeinsam genutzte Annehmlichkeiten wie Zentralheizung, Concierge-Service oder den privaten Innengarten mit Croquet- und Tennisplätzen. Das ungewöhnliche Exterieur zitiert Elemente der Gotik, der Renaissance und der Viktorianik – mit Giebeln, Dachgauben, Balkonen, Türmchen und Zierwerk aus Stein und Eisen. Jedes der 65 Apartments mit hohen Decken ist einzigartig, die Ausstattung vornehm und der Blick spektakulär. Die Böden von Clarks eigener Wohnung leisteten sich gar Silberintarsien. Als erstes Luxusapartmentgebäude der Stadt traf das Dakota den Zeitgeschmack; bei Eröffnung waren alle Wohnungen vermietet. Eine Erfolgsgeschichte.

Seit 1976 unter Denkmalschutz gestellt, bleibt das Haus ein beliebter Rückzugsort für Ikonen des Kulturbetriebs; darunter historische Größen wie Andrew Carnegie, Boris Karloff, Judy Garland, Lauren Bacall, Rudolf Nurejew, John Madden oder Leonard Bernstein. Die Apartments sind auch heute nicht für jeden erschwinglich; sich daheim vom teils düsteren Mantel der Geschichte umwehen zu lassen hat eben seinen Preis.

Adresse 1 West 72nd Street (zwischen Central Park West und Columbus Avenue), New York 10023 | **Anfahrt** Subway: 72 St (A, B, C, 1, 2, 3); 66 St-Lincoln Center (1, 2), Bus: M 10, M 11, M 72 | **Tipp** Der Legende nach stammt der Name des Hotels von seiner abgeschiedenen Lage (so abgelegen wie die »Dakota territories«); in Wahrheit hatte Clark ein Faible für die neueren Gebiete im Westen. Einige Fassaden der 72nd Street und andere Gebäude der Upper West Side schmücken Dakota-Indianer oder indianische Namen und Motive.

23 — The Dinner Party
Erdenmutter beim Abendmahl

An einem dunklen, wie sternenklaren Ort steht eine monumentale Festtafel in Form eines Dreiecks. Alles scheint fest an seinem Platz zu sein und sich dennoch endlos zu spiegeln. Während sich Ihre Augen an Dunkelheit und Dimensionen gewöhnen, lassen die Details erkennen, warum es sich hier um einen Meilenstein feministischer Kunst handelt.

Mit Platzkarten für 39 mythische und historische Frauen, je dreizehn an einer der Seiten, weist das Gastmahl die Geladenen aus. Jedes Gedeck ist mit einem Tischläufer ausgestattet, der mit den Namen der Frauen, mit Mustern und bildlichen Darstellungen bestickt wurde. Ein goldener Kelch, ein Teller mit Schmetterlings- und Vulvadekor und weitere Zierelemente stehen symbolisch für Leben und Wesensart eines jeden Ehrengasts. In der Mitte sind auf dem »Boden des Erbes« die Namen von 999 Frauen eingraviert, die in Geschichtsbüchern unerwähnt bleiben, gleichwohl sie die Frauen am Tisch beeinflusst haben.

Ursprünglich wollte Künstlerin Judy Chicago Porzellanteller mit den Porträts bedeutender Frauen bemalen; das Ergebnis war ein fünfjähriges Projekt, das weibliche Größen der westlichen Kultursphäre über Stickereien, Gewebtes und Tafelgeschirr würdigt – allesamt Charakteristika traditioneller »Frauenarbeit«, die von Unterdrückung und Fesselung ans Haus zeugen. Chicago lag daran, diese verlorene Geschichte über eine »Reinterpretation des Letzten Abendmahls aus der Perspektive der Frauen, die seit je Mahlzeiten zubereitet und aufgetischt haben« zurückfordern. Hunderte Spezialistinnen für Keramik, Weberei und Kalligraphie wirkten zusammen, um die Vision umzusetzen. 1979 wurde die Tafelrunde erstmals ausgestellt und reiste rund um den Erdball. Heute ist sie permanent im »Center for Feminist Art at the Brooklyn Museum« zu sehen. Von der Urgöttin bis zu Georgia O'Keeffe nehmen Frauen ihren Platz ein und fordern Sie auf, sich dem stillen Bankett beizugesellen.

Adresse Brooklyn Museum: Elizabeth A. Sackler Center for Feminist Art, 200 Eastern Parkway (Ecke Washington Avenue), Brooklyn, New York 11238, Tel. +1 718.638.5000, www.brooklynmuseum.org | **Anfahrt** Subway: Eastern Pkwy-Brooklyn Museum (2, 3); Franklin Av (4, 5); Bus: B 41, B 45, B 48, B 69 | **Öffnungszeiten** Mi und Fr–So 11–18 Uhr (jeden 1. Sa im Monat 11–23 Uhr), Do 11–22 Uhr, Mo und Di geschlossen | **Tipp** Beeindruckende Frauendarstellungen aus der Antike sind in der ägyptischen Sammlung des Museums zu sehen. Die Terrakottafigur »Bird Lady« ist weltberühmt.

24 Die Drag Show im Lips
Killer Queen

Das Außenleben verrät nichts: schwarzer Baldachin, elegante Holztäfelung, facettierte Glastüren. Man vermutet einen Nobelschuppen, in dem es sich distinguierte Herrschaften nebst Gemahlinnen bei edlen Tropfen und *foie gras* gut gehen lassen. Doch Vorsicht: reine Tarnung! In Wahrheit handelt es sich um das selbst ernannte »Disneyland of Drag«, einen Palast, in dem Glitter, Glamour und Gayness angesagt sind – kurz: Tunten statt Tanten. Folglich besteht das Innenleben auch nicht aus einem gediegenen Saal, in dem sich Speisende wie die Kings vorkommen dürfen; unkundige Besucher machen sich besser gefasst auf einen Las-Vegas-meets-Barbie-Kulturschock samt sagenhaften Queens.

Kurvige Drag-Diven in wunderbar übertriebenen Pailletten- und Strasskostümen mit Glam-Make-up und spektakulären Frisuren travestieren legendäre Musical- und Theaterikonen, legen Kracher-Comedys hin, singen und tanzen live auf der Bühne – und servieren Ihnen Speisen und Getränke (»Je mehr Sie trinken, desto besser sehen wir aus!«). Keine kesse Anmache scheuen die herrlichen Damen, setzen sich gar ungefragt auf Ihren Schoß und geben ihr Bestes, um Ihre – ähm, Phantasie anzuregen.

Allabendliche, stets brechend volle Shows wie »Drag Karaoke«, »Bitchy Bingo« oder »Dinner with the Divas« sind Publikumslieblinge und begeistern eine Zuschauerschar aus Männern und Frauen – New Yorkern wie spaßbereiten Touristen. Sonntags ist der von Ginger Snapt moderierte »Broadway Brunch« das absolute Highlight – ideal für ein wildes Date. Aber auch größere Gruppen sind willkommen: Das Lips ist ein gesuchter Ort für Geburtstagsfeten, Bachelorette-Partys und überhaupt alles Feiernswerte. Allerdings sollten Sie zwölf Wochen im Voraus buchen. Die Cocktails (»Yvonne Lamé Frozen Cosmo«) sind nach den Diven benannt und die Teller genauso beladen wie die Wimpernschläge. Nichts jedoch kommt dermaßen delikat daher wie die Damen des Hauses. *Oh boy!*

Adresse 227 East 56th Street (zwischen Second und Third Avenue), New York 10022, Tel. +1 212.675.7710, www.lipsnyc.com | **Anfahrt** Subway: Lexington Av/53 St (E, M); 51 St (6); Lexington Av/59 St (4, 5, 6, N, R); Lexington Av/63 St (F), Bus: M 1, M 2, M 3, M 4, M 15, M 31, M 57, M 101, M 102, M 103 | **Öffnungszeiten** Rufen Sie an oder besuchen Sie die Webseite, um mehr über die täglichen Vorstellungen und Uhrzeiten zu erfahren. | **Tipp** Reichlich Glitter und Glamour hat auch Tiffanys Flagshipstore in der Fifth Avenue (Höhe 57th Street) zu bieten; Frühstück allerdings serviert man dort nicht.

25 Die Duke Ellington Statue
Black, brown and beige

An der Kreuzung von Fifth Avenue und 110th Street steht zwischen der größtenteils weißen Upper East Side und dem überwiegend schwarzen Harlem wie ein verbindender Schlussstein das Denkmal für eine der monumentalsten Gestalten der amerikanischen Musikgeschichte – eine, die Brücken schlug zwischen realen wie irrationalen Straßengräben, eine, die Hautfarben und Kulturen zusammenführte.

Die siebeneinhalb Meter hohe Bronzestatue von Edward Kennedy »Duke« Ellington – Komponist, Pianist und Bandleader – in der nördlichsten Ecke vom Central Park entspricht der Überlebensgröße der porträtierten Legende: Drei schlanke Säulen, umrankt von nackten Frauengestalten – je drei der neun Musen –, recken sich himmelwärts und stützen eine goldene Platte, auf der ein zweieinhalb Meter großer, freundlich-lässiger Ellington in bekannter Pose neben seinem Flügel steht.

Der Komponist von Klassikern wie »Satin Doll«, »Take the A Train« und »Caravan« wurde in Washington D. C. geboren, nannte jedoch New York seine Heimat. Obwohl ihm zugeschrieben wird, den Jazz zur Kunstform erhoben zu haben, wollte er nicht als »Jazzmusiker« bezeichnet werden. Mehr als 1.000 Stücke hat er komponiert, die jegliche Genregrenzen hinter sich lassen. Sich selbst bezeichnete er als »jenseits aller Kategorien«.

Ellington öffentlich zu ehren war die Idee des Kabarettsängers und Pianisten Bobby Short, einem lebenslangen Bewunderer. Das Geld war schnell zusammen; es wurde Robert Graham, ein Künstler aus Los Angeles, beauftragt. Short musste sich jedoch 18 zermürbende Jahre lang mit den Behörden herumstreiten, bis die Skulptur endlich aufgestellt werden konnte. Bei der Einweihung 1997 schließlich waren unter den Gästen Ellingtons Familie und drei Bürgermeister New Yorks.

Sofern Sie an einem Sonntag um den 29. April herum herkommen, werden Sie ein Geburtstagsständchen zu Ehren des Maestro erleben – hier, an der Grenze zu »Harlem«.

Adresse Duke Ellington Circle (Kreuzung Fifth Avenue und 110th Street) |
Anfahrt Subway: 110 St (4, 6), Bus: M 1, M 2, M 3, M 4, M 101, M 102, M 103 M 106 |
Tipp Leihen Sie sich eine Angel, und versuchen Sie gratis Ihr Glück im Central Park's Discovery Center am Nordufer des Harlem Meer nahe der 110th Street. Hier wird nach der Methode »Fangen und Freisetzen« gearbeitet.

26 Das Dyckman Farmhaus
Einst in Mannahatta

An der Spitze Manhattans steht ein Bilderbuchfarmhaus auf einem kleinen Hügel – am lauten, lärmigen Broadway. Es wirkt so sonderbar am Platz, dass man meint, es sei aus den Wolken gefallen. Vorbeieilende Passanten scheinen es nicht zu bemerken: Nur für Besucher ist es sichtbar.

Seine Welt betreten Sie über einen blumengesäumten Weg und die Veranda. Man wird Sie mit dem Hinweis begrüßen, es handele sich um das einzige holländische Farmhaus, das in Manhattan noch stehe.

Die Räume sind zauberhaft und gemütlich; man tritt über Original-Kastaniendielen. Die förmliche Wohnstube, das Esszimmer, die beiden Schlafzimmer und die Küche sind jeweils mit authentischem Mobiliar, Dekor und kuriosen persönlichen Hinterlassenschaften jener Familie ausgestattet, die die Farm 1784 erbaut und hier bis 1871 gelebt hat. Die Hintertür geht auf eine Terrasse hinaus, von der aus Sie auf den knapp einen Morgen großen Garten blicken – alles, was von den zehn Hektar bewirtschafteter Fläche geblieben ist.

Draußen erinnern der üppig blühende Garten, eine Räucherkammer, eine Holzhütte des Militärs und ein Brunnen an vergangene Zeiten. Anhand einer gerahmten Ahnentafel im Speisezimmer – »Dyckman Household c. 1820« – lässt sich der Familienstammbaum zurückverfolgen: Die Dyckmans gehörten zu den ersten Siedlern in der nördlichen Gegend, die damals als »Mannahatta« bekannt war.

1915 schließlich war das Haus – nicht mehr in Familienbesitz – vom Abriss bedroht. Um es zu retten, kauften und restaurierten zwei Schwestern – Abkömmlinge des Dyckman-Clans – das Anwesen und schenkten es der Stadt. Um das aus der Zeit gefallene Haus auch weiterhin erhalten zu können, finden hier regelmäßig Events statt, die den Dialog zwischen Gemeindemitgliedern, Geschichtsfans und ortsansässigen Künstlern fördern sollen. Erkunden auch Sie das Hollandhaus auf der »Manna-hatta«, der »hügeligen Insel« von ehemals Nieuw-Amsterdam.

Adresse 4881 Broadway (Ecke West 204th Street), New York 10034, Tel. 1+ 212.304.9422, www.dyckmanfarmhouse.org, info@dyckmanfarmhouse.org | **Anfahrt** Subway: 207 St (1); Inwood-207 St (A), Bus: BXM 1, M 100, BX 7 | **Öffnungszeiten** Fr – So 11 – 17 Uhr | **Tipp** Gehen Sie ein paar Blocks den Broadway hinunter zur nordöstlichen Seite des Fort Tryon Park, und wandern Sie zu »The Cloisters« hoch. Der Blick auf den Hudson River lohnt den steilen Aufstieg.

27   Eddie's Shoe Repair
Ganz unten, Rockefeller Style

Wie die Herren der Welt: makellos frisierte, gut aussehende Männer und Frauen, die – so meint man – nur mit den Fingern zu schnippen brauchen, um zu bekommen, was immer sie gerade juckt. Dergleichen TV-Bosse, Power-Banker und Firmenchefs, die mit Summen jonglieren, so hoch wie ihre Top-Suiten im Rockefeller Center, sieht man hier doch tatsächlich Tag für Tag geduldig in einer Schlange anstehen, die sich aus der Tür einer kleinen Schusterei auf der Subway-Ebene des Towers windet. Was sie aus der kostbar dünnen Luft dort droben nach ganz unten treibt?

Einer der fünf begehrten Sitze bei Eddie's, wo fingerfertige Profis Schuhe derart glänzend wichsen und wachsen, dass sich in ihnen der Erfolg ihrer Besitzer spiegelt.

Die gute Nachricht: Sie brauchen kein VIP zu sein, um sich einzureihen. Für den Preis eines Subway-Tickets kann hier jeder, dessen Schuhe es wert sind, auf Hochglanz gewienert zu werden, auf einem der erhöhten Throne aus Holz und Leder Platz nehmen, seine Füße auf den Messinghaltern positionieren und das Schuhwerk polieren lassen. Sobald Sie dran sind, ruft der Manager »Nächster!«, händigt Ihnen die »New York Post« aus und weist Ihnen einen der gefragten Sessel zu.

In der Luft liegt der Geruch von Leder, Seife und Politur. Checken Sie die News, die aktuellen Kurse auf dem Flachbildschirm oder widmen Sie sich Ihren Smartphone-Apps, während Ihre Schuhe die ungeteilte Aufmerksamkeit eines Experten genießen. Nachdem die Schnürsenkel entfernt und Metallbeschläge abgeklebt sind, wird jeder noch so hinterste Winkel des Leders gereinigt, befeuchtet, in mehreren Runden gebürstet und blank gewichst. Was für ein Fußgefühl! 20 Minuten später ist die Verwandlung komplett; Ihre Schuhe sehen besser aus als neu, und Sie fühlen sich viele Millionen schwerer.

Inhaber Hugo Ardaix ist Perfektionist; da lassen auch Sie sich nicht lumpen und geben gern das Trinkgeld eines Tycoons.

Adresse 30 Rockefeller Plaza (zwischen Fifth Avenue und Avenue of the Americas), Concourse Level, New York 10020, Tel +1 212.581.3463 | **Anfahrt** Subway: 47–50 Sts-Rockefeller Ctr (B, D, F, M); 49 St (N, Q, R); 5th Av/53 St (E); 50 St (1), Bus: M 1, M 2, M 3, M 4, M 5, M 7, M 50 | **Öffnungszeiten** Mo–Fr 7–18 Uhr | **Tipp** Für das Komplettprogramm gönnen Sie sich Luxusschnitt und -rasur direkt gegenüber bei »eShave«.

28 Das einstige CBGB
Hosen mit Wurzeln im Rock

Die Ramones haben hier ihren ersten Gig gespielt. CBGB, ein verwahrlostes Loch in der damals nicht weniger schäbigen Bowery Street, stank nach Zigaretten, schalem Bier und Schweiß (fragen Sie nicht, wonach sonst noch) – und durfte sich rühmen, die Wiege des US-Punk, Art Rock und New Wave zu sein. Aus aller Welt strömten sie hierher, um die Talking Heads, Joan Jett, Blondie, Patti Smith, die B-52's, Guns N' Roses oder Korn zu hören – Künstler der Siebziger bis Neunziger, von denen die wildesten Klänge der Ära stammen. Es war eine knallharte, oft hässliche Szene. Nach Jahren der Mietstreitigkeiten gab Inhaber Hilly Kristal schließlich auf. Als der Vertrag 2006 auslief, spielte Patti Smith das letzte Konzert – und das CBGB schloss die Pforten für immer.

Im folgenden Jahr suchte Designer John Varvatos nach einer Downtown-Adresse für seine Herrenboutique und hörte davon, dass eine Bank das CBGB erwerben und abreißen wolle. Sein musikaffines Detroiter Herzblut sagte Varvatos nicht nur, dass er den Schuppen vor der Abrissbirne retten müsse, sondern auch, dass er nur darauf warte, in einen gehobenen Modeladen verwandelt zu werden, um dort vor dem Hintergrund der Mutter allen Shabbychics teure Klamotten darzubieten – gewissermaßen Hosen mit Wurzeln im Rock.

Samtweiche Lederjacken und -stiefel reihen sich elegant vor Wänden mit Aggro-Appeal: Graffiti, Aufkleber, Konzertkarten, Flyer, Poster – alles echt von damals. Stangen mit Kaschmir hängen über einem Gang, der einst zur schmuddeligen Clubtoilette führte. Memorabilien, Vintage-Vinyl, Bücher und Fotos stehen unter einem üppigen Lüster zum Verkauf.

Sogar Ringo Starr erschien auf Varvatos' Plakaten. Zunehmend führt der Herrenausstatter ein Doppelleben als Konzertbühne, und nie weiß man im Voraus, welche Rocklegende bei einer der monatlich stattfindenden Bowery Live Shows auftreten wird. Ob sich die Geschichte beinhart wiederholt?

Adresse 315 Bowery (Ecke Bleecker Street), New York 10003, Tel +1 212.358.0315, www.johnvarvatos.com | **Anfahrt** Subway: Bleecker St (6); 2 Av (F); Broadway-Lafayette St (B, D, M); Bowery (J); Prince St (N, R), Bus: M 1, M 2, M 3, M 8, M 9, M 15, M 21, M 101, M 102, M 103 | **Öffnungszeiten** Mo–Fr 12–20 Uhr, Sa 11–20 Uhr, So 12–18 Uhr | **Tipp** Hausgemachte Würstchen sind die Renner bei Daniel Boulud's »DBGB Kitchen and Bar« (299 Bowery), die – natürlich – CBGB zu Ehren so benannt sind.

29 The Elevated Acre
Übernahme der Wall Street

Es ist ein erhabener Morgen, an dem zugeknöpfte Broker, Finanzjongleure der Wall Street und abgehetzte Hedgefonds-Hüter dem manischen Tempo des Financial District entkommen. Genauer: ein erhöhter Morgen begrünter Fläche zehn Meter über Straßenniveau. Hier entstressen sich Hochstrapazierte – das wohl bestgehütete Geheimnis Lower Manhattans.

Der Zugang ist diskret: ein kleines Schild, das man leicht übersieht. Es folgt die Suche nach dem zwischen 55 Water Street und angrenzendem Büroturm eingekeilten Aufzug. Nehmen Sie den bis zum Treppenflur, steigen Sie um in einen anderen, und fahren Sie hinauf bis zum Anschlag. Auf zwei Stockwerken Höhe weht Ihnen plötzlich Frischluft entgegen; eine Freiluftoase lässt Sie die hastenden Horden da drunten spontan vergessen. Drei spektakuläre Parklandschaften geben die kombinierte Therapie gegen Asphalt-Allergie: eine kuschelweiche Kunstwiese, eine waldige Minischlucht samt Wegen und Blumenbeeten sowie eine Uferpromenade mit dramatischem Panoramablick. Weit unter Ihrer Nase im Wind grüßt die ewige Regatta von Schleppern, Fähren und stolzen Schiffen.

Tische und Bänke laden dazu ein, einfach mal alles setzen zu lassen. Oder streifen Sie gleich die Schuhe ab, und strecken Sie sich auf dem Ganzjahresrasen aus: mit Ihrer Aktentasche als Kissen und dem Himmel über New York als Ruhespender. Auch Kuscheln, Picknicken oder Drachensteigenlassen gelten hier nicht als sozial auffällig.

In den 1970er Jahren erhielten Bauplaner die Erlaubnis, ein neues Gebäude sechs Stockwerke höher zu ziehen, sofern dabei allgemein nutzbare Flächen entstanden. Die unscheinbare Plaza in 55 Water Street wurde eigens gebaut, um von diesem Ansporn zu profitieren. 30 Jahre später hat sich der eintönige Ort endlich in ein geschätztes Hoch-Erholungsgebiet verwandelt.

Wall Street hin oder her: Fusionen finden hier nur mit der Natur und Übernahmen ausschließlich des inneren Friedens statt.

Adresse 55 Water Street (zwischen Old Slip und Broad Street), New York 10004 | **Anfahrt** Subway: Whitehall St-South Ferry (R); South Ferry (1); Bowling Green (4, 5); Bus: M5, M15, M20 | **Öffnungszeiten** täglich 8–21 Uhr | **Tipp** Einen Schrein für die erste US-amerikanische Heilige, Elizabeth Seton, finden Sie in der »Church of Our Lady of the Holy Rosary« in der 7 State Street.

30 Elizabeth Street Garden
Ein Morgen Land

Im Dreieck zwischen Soho, Little Italy und Greenwich Village öffnet Nolita ein Paradies für Spaziergänger. Die Straßen sind gesäumt von In-Boutiquen und coolen Bistros; an der Elizabeth Street schließlich liegt eine wundersame Grünanlage, die nicht selten durch schieren Zufall entdeckt wird – gerade dann, wenn Ihnen nach einer Pause in ruhiger, besinnlicher Umgebung ist. Worüber Sie hier gerade stolpern, das ist Elizabeth Street Garden, eine Grün-Oase voller Skulpturen, die sich über den ganzen Block bis zur Mott Street erstreckt und Sie zur Muße einlädt.

Die benachbarte Elizabeth Street Gallery, ein in einer Feuerwache von 1850 untergebrachter Antikladen, zum Bersten gefüllt mit Unikaten und sonstigen Kunstgegenständen, mietete das verwaiste Grundstück als Freiluft-Lager von der Stadt. Nachdem die Betreiber ihren Morgen Land von Bergen von Schutt und Geröll befreit hatten, stellten sie eine wilde Mischung von Statuen und architektonischen Artefakten dort auf und legten einen Garten an. Freiwillige aus der ganzen Nachbarschaft pflanzten und pflegten Rasen, Blumen, Bäume und Sträucher. Da der politische Druck wächst, das Areal anders zu nutzen, tun sie es demonstrativ bis zum heutigen Tag.

Während Sie sich an einen rustikalen Tisch oder in die Gartenlaube setzen, zwitschern in den Zweigen Singvögel. In den warmen Monaten sind Blütenpracht und Laubwerk üppig, während der Schnee im Winter seine ganz eigene Magie entfaltet.

Folgen Sie den Gartenpfaden, und Sie werden unweigerlich schmunzeln über die schräge Zusammenstellung von Stilen und Epochen am Rande des Weges. Altertümliche griechische und römische Urnen sitzen zwischen einer Menagerie aus Sphinxen, Löwen, Engeln, Waldnymphen, Kuriositäten der Volkskunst und von Abrissen gerettetem Eisenwerk. Es ist idyllisch und amüsant zugleich hier; ein Ort, der es allemal verdient, auch morgen noch vor der *Andersnutzung* bewahrt zu werden.

Adresse Elizabeth Street (zwischen Prince und Spring Street), New York 10012, www.elizabethstreetgarden.org | **Anfahrt** Subway: Bowery (J); Prince St (N, R); Spring St (6); Broadway-Lafayette St (B, D, F, M), Bus: M5, M15, M21, M103 | **Öffnungszeiten** täglich 12–18 Uhr, im Winter Mi, Sa und So 11–15 Uhr | **Tipp** Sichern Sie sich einen Tisch oder Thekenplatz im »Café Habana« an der Ecke der Prince Street, berühmt für seinen unvergleichlichen gegrillten Mais und seine Minz-Mojitos.

31 Die Enoteca Maria
Denn niemand kocht wie Nonna

Foodaholics posten Fotos von ihren Tellern in sozialen Netzwerken, und Köche sind solide Stars. Der Wettbewerb um die Gunst der Gaumen ist hart, und die Speisen werden immer komplizierter. Ganz heimlich jedoch sehnt sich der von der Jagd nach immer Neuerem und Ungeheurerem ermattete In-Gourmet schon lange nur noch nach Omas Kochlöffel.

Wie praktisch: Jede der Köchinnen in der Enoteca Maria ist eine echte *nonna*, eine italienische Großmutter, die ihr ganzes Herz in jede Mahlzeit steckt. Ursprünglich über italienische Zeitungen angeworben, wechseln sich neun *signoras* ab und kochen nach Rezepten aus Neapel, Rom, Palermo, Piacenza, Vicenza, Kampanien, den Abruzzen und Sizilien: Köstlichkeiten mit einer olfaktorischen Fernwirkung, die selbst Mario Batali der Ohnmacht nahe bringen würde.

Hier zu dinieren ist der Königsweg zu einem gelungenen Date: Besteigen Sie bei Sonnenuntergang – während die Skyline Lower Manhattans in einem Meer aus Pink, Orange und Violett versinkt – die Fähre nach Staten Island. 25 Minuten später docken Sie in »New Yorks vergessenem Stadtteil« an. Nach einem kurzen Fußweg durch das historische Viertel St. George sind Sie da. Coole und moderne Vibes strömen in den Abend hinaus, eine smarte Mixtur aus Rock, Jazz und Weltmusik sorgt für Ambiente, Marmortische schimmern und Weingläser blitzen, während die Kellner ausgewählte italienische Weine servieren.

Und das Essen. Nonna Ninas Cannelloni umschmeicheln Ihre Lippen; Nonna Rosas Kaninchen mit Salbei ist ein Gedicht aus Düften; Nonna Adelinas Tagliatelle kitzeln alle Geschmacksknospen, und Nonna Teresas Lasagne schmeckt beinahe obszön. »Probier das mal«, hören Sie sich seufzen, während Sie Ihre Gabel dem Gegenüber hinhalten. Inhaberin Judy Scaravella sagt es am treffendsten: »Wenn ich die Wahl zwischen einem Drei-Sterne-Restaurant und Großmutters Küche habe, dann gehe ich zur Großmutter. Ich gehe direkt zur Quelle.«

Adresse 27 Hyatt Street (zwischen Stuyvesant Place und St Marks Place), Staten Island, New York 10301, Tel. -1 718.447.2777 (für Reservierungen anrufen), www.enotecamaria.com, info@enotecamaria.com | **Anfahrt** zur Staten Island Fähre: Subway: South Ferry (1); Bowling Green (4, 5); Whitehall St (R), Bus: M 5, M 15, M 20; von der Anlegestelle auf Staten Island: gehen Sie die Straße links der Turmuhr hinauf | **Öffnungszeiten** Mi–So ab 15 Uhr, bis alle nach Hause gehen! | **Tipp** Keinesfalls verpassen: eine Show im restaurierten »St. George Theatre«, einem alten Kino und Varieté-Theater aus den 1930er Jahren.

32 Der Essex Street Market
Mehr Delikates wagen

Der Anblick allein: eine gigantische Auswahl an Köstlichkeiten, nach denen Sie ansonsten die halbe Stadt abjagen müssten, und eine solche Vielfalt von Händlern, dass Sie sich wundern, wie das alles hier unter einem Dach gut geht. Traditionalisten verkaufen Ochsenschwänze, Orangen, Cuchifrito oder Couscous. Am Stand nebenan kümmern sich junge Ex-Banker, die es ins Bäckerhandwerk verschlagen hat, um Brötchen statt um Benchmarks. Über 20 Anbieter präsentieren Lebensmittel: Fisch- und Gemüsehändler, Metzger, Käsespezialisten, Kaffeeröster, Konditoren, Chocolatiers – viele mit Bioprodukten aus der Region im Angebot, die auch die Bedürfnisse pingeligster Anspruchsesser befriedigen. Neben Kleidern, Kunst, Kerzen und spirituell Sättigendem gibt es hier auch einen Friseur, eine Saftbar, Snackbuden und ein Restaurant, vor dem grundsätzlich Schlangen stehen.

Bürgermeister Fiorello LaGuardia eröffnete den Markt 1940, um Tausende von Händlerkarren von der Straße zu bekommen, die seit der Jahrhundertwende die Lower East Side verstopften. Der Open-Air-Basar war ein beliebter Treffpunkt zumeist jüdischer und italienischer Einwanderer. Und ein Alptraum der Ordnungshüter: Feuerwehr und Polizei kamen oft nicht durch. LaGuardia lockte mit festen Verkaufsständen zu günstigen Konditionen. In den 1950er Jahren schließlich stießen Puerto Ricaner hinzu, nun hing auch Latino-Flavor in der Luft. Damals wie heute passte sich der Markt in Windeseile wechselnden Vorlieben an und befriedigte zugleich den internationalen Appetit.

Hier vergeht der Tag stöbernd, plaudernd, Probierhäppchen schmausend – und zwar im Nu. Wichtig: Bei jedem Händler einzeln bezahlen. Wer sich im fröhlichen Wirrwarr mit Unbezahltem auf Wanderschaft begibt, dem wird erbost hinterhergerufen.

Jede Wette, dass Sie auf dem Heimweg in regelmäßigen Abständen in Ihre Einkaufstasche greifen werden, um vollenthemmt Schmackhaftes zu verputzen.

Adresse 120 Essex Street (zwischen Delancey und Rivington Street), New York 10002, www.essexstreetmarket.com | **Anfahrt** Subway: Essex St (J, M); Delancey St (F), Bus: M 9, M 14, M 15, M 21 | **Öffnungszeiten** Mo–Sa 8–19 Uhr, So 10–18 Uhr |
Tipp Aufstrebende Comedians wie altbekannte Comedy-Größen kitzeln Ihren Lachnerv bei »Laughing Buddha Comedy Club's Open Mike« (131 Essex Street).

33 Das Fanelli Cafe
Die Kult-Kaschemme

Bevor aus SoHo SoHo wurde, bevor das Viertel sich in einen einzigen Themenpark aus Galerien und Chichi-Boutiquen verwandelte, bevor das Künstlervolk herausfand, dass es sich in den Lofts hier günstig leben und arbeiten ließ, gab es bereits Fanelli. Seit seiner Eröffnung 1847 liegt das zweitälteste Gasthaus New York Citys, das sowohl Speisen als auch Getränke anbietet und sich am Originalstandort halten konnte, auf der Ecke von Prince und Mercer Street. Was als Arbeiterkaschemme samt Bordell begann, entwickelte sich zu einem Stammlokal, das in der Atmosphäre raubeiniger Kameraderie Generationen von Fabrikarbeitern, Truckern, Boxern, Künstlern mit herzhaften Imbissen und frisch gezapftem Bier versorgte.

Setzen Sie sich wochentags neben einen der Alteingesessenen, ordern Sie ein Bier vom Fass und sprechen Sie ihn an. Mit ein wenig Glück hören Sie Geschichten aus den Tagen der Prohibition, als Fanelli zu den illegalen Pinten gehörte, die im Keller »destillierten« Schnaps, Wein und Bier servierten. Sie werden Anekdoten über jenen Mann hören, dem der Laden von 1922 bis 1982 gehörte: Mike Fanelli, ein ehemaliger Profi-Boxer, der die Wände mit Fotos jener Kollegen behängte – bis heute unberührt –, die er verehrte, und der das Lokal zu einem informellen Clubhaus für Boxfans machte. Bestellen Sie ein zweites Bier, und der Barkeeper taut ebenfalls auf, dient Ihnen mit Geschichten über die durstige Bohème, die es während der 1970er Jahre im Hinterzimmer krachen ließ.

Fanelli Cafe ist eine Taverne alter Schule mit original erhaltener langer Bar, Kachelböden und wackligen Tischen mit rot-weiß karierten Tischtüchern. Ein Stern von Michelin wäre deplatziert, aber die Burger samt Beilagen sind lecker. Auch esoterische Modebiere bekommen Sie hier nicht, dafür ist das, was aus dem Zapfhahn strömt, echt und eiskalt. Lassen Sie die Dekadenz SoHos hinter sich, und überlassen Sie sich dem ehrlichen Genuss.

Adresse 94 Prince Street (Ecke Mercer Street), New York 10012, Tel +1 212.226.9412 | **Anfahrt** Subway: Prince St (N, R); Broadway-Lafayette St (B, D, F, M); Bleecker St (6); Bus: M5, M21, M103 | **Öffnungszeiten** So–Di 10–1.30 Uhr, Fr–Sa 10–4 Uhr | **Tipp** Es sind nur ein paar Schritte bis zur Mulberry Street, dem Herzen von Little Italy. Probieren Sie die weltberühmten »cannoli« und anderes Gebäck in der »Ferrara Bakery & Café« auf der Grand Street.

34 FDR Four Freedoms Park
Freiheiten und Jahreszeiten

Als könnte man einfach hinüberschwimmen, wäre die Strömung nicht so stark: So nah liegt Roosevelt Island an Manhattan. Hin kommt man aber auch mit der Bahn. Steigen Sie an dem drei Kilometer langen Streifen inmitten des tosenden East River aus, der einen schönen Blick auf Manhattan und Queens bietet. Schlendern Sie Richtung Süden den Uferweg entlang, und vor Ihnen liegt der Park, der die gesamte Südspitze der Insel bedeckt, von der Stadt aus immer im Blickfeld und dennoch ein blinder Fleck: Nur wenige New Yorker kennen ihn.

Erklimmen Sie die Prunktreppe: Vor Ihnen erstreckt sich eine riesige Rasenfläche, die elegante Uferpromenaden mit Lindenalleen eingrenzen. Sie befinden sich mitten auf dem Fluss mit überwältigenden Aussichten in alle Himmelsrichtungen. Obgleich beschaulich und still, wäre dies auch der ideale Ort für ein fürstliches, ja präsidiales Picknick.

An der Südspitze nämlich steht eine massive Bronzestatue Franklin D. Roosevelts mit Blick hinaus auf den Fluss. Der gebürtige New Yorker, Gouverneur und Präsident des Landes mit vier Amtsperioden war eine der bedeutendsten Persönlichkeiten des 20. Jahrhunderts. Im Rücken trägt die Skulptur eine Inschrift aus einer berühmten Rede, die er 1941 vor dem Kongress hielt und darin eine Welt beschwor, die »auf den Fundamenten grundlegender Freiheiten« ruhte. Im Angesicht von Nazifaschismus und Totalitarismus kam dieser Rede im Zweiten Weltkrieg die Rolle eines Schlachtrufs zu.

1973 entwarf der gefeierte Architekt Louis Kahn den Gedenkpark. Nach seinem plötzlichen Tod 1974 wurde das Projekt auf Eis gelegt; eine wild entschlossene Gruppe prominenter Aktivisten jedoch kämpfte darum, den Originalentwurf umzusetzen. Nach Jahrzehnten der Streitigkeiten und Geldbeschaffung öffnete der Park 2012.

Es müssen nicht gleich vier sein; eine Freiheit reicht, die Sie sich nehmen, um die spektakuläre Aussicht zu genießen und eine Weile zu träumen.

Adresse 1 FDR Four Freedoms Park, Roosevelt Island, New York 10044, Tel. +1 212.204.8831, www.fdrfourfreedomspark.org | **Anfahrt** Subway: Roosevelt Island (F), Aerial Tram: 59 St at Second Av (wenn Sie auf der Insel angekommen sind, folgen Sie den Schildern, um zum Park zu gelangen, oder nehmen Sie einen der roten Busse, die auf der Insel fahren) | **Öffnungszeiten** Mi–Mo 9–17 Uhr, Di geschlossen |
Tipp Die Zugfahrt über den East River bietet einen herrlichen Blick auf die architektonischen Giganten Manhattans. Spazierwege am Ufer entlang halten Überraschungen bereit wie etwa Tom Otterness' schräge Wasserskulptur »The Marriage of Money and Real Estate«. Im Norden steht ein restaurierter Leuchtturm von 1872.

35 Das Fenster
Zucker und Peitsche

In der Fußgängerzone hinter One Police Plaza und dem Rathaus steht eine einsame niedrige Wand mit vergittertem Fenster. Obwohl der klägliche Rest Mauerwerk Zeuge eines der grausamsten Kapitel der Frühgeschichte New Yorks gewesen ist, gehen heute täglich Tausende von Angestellten und Passanten achtlos daran vorbei. Fragt man auf der Straße danach, erntet man Achselzucken oder blindes Raten. »Eine Skulptur, oder?« Falsch!

Als einzige Stadt war New York während des gesamten Unabhängigkeitskrieges (1776–1783) von britischen Truppen und ihren Verbündeten besetzt; es bot sich an, hier Kriegsgefangene einzusperren, vor allem amerikanische Patrioten und deren Sympathisanten. Die Engländer konfiszierten Kirchen, Häuser, Scheunen, Geschäfte – sogar Schiffe – und missbrauchten sie als Strafgerichte und Militärverliese. Doppelt so viele Menschen starben in diesen überfüllten und verdreckten Lagern zu Wasser und zu Land, wie auf den kolonialen Schlachtfeldern fielen.

Die rote Ziegelwand hinter Police Plaza ist ein Überbleibsel des berüchtigten »Rhinelander Sugar House«, einer vierstöckigen Zuckerfabrik, die einst an der Ecke Rose und Duane Street stand. Sie wurde zum brutalsten Kerker der Briten umfunktioniert und verdiente sich ihren Ruf als Hölle auf Erden durch zahllose verhungerte, zu Tode gefolterte, an Pocken, Typhus, Ruhr und Gelbfieber dahingesiechte Gefangene. Gegenseitig trampelten sich die in Massen Eingepferchten nieder, um durch ein kleines Fenster zum Himmel – wie dieses – die Welt da draußen noch einmal zu sehen: marodierende Rotröcke, Lauffeuer, ins Chaos gestürzte Straßen.

Obwohl das »Sugar House« 1892 abgerissen wurde, blieben zwei Fragmente seiner Originalfenster stehen. (Das andere befindet sich in der Bronx, im Van Cortlandt Park.) Noch heute kursieren Gräuel- und Gruselgeschichten über das Schicksal unglücklicher Kriegshelden – jener Geister, die damals durch diese Gitter riefen.

Adresse in der Fußgängerzone hinter der 1 Centre Street (Ecke Chambers Street), New York 10007 | **Anfahrt** Subway: Brooklyn Bridge-City Hall (4, 5, 6); Chambers St (J, Z, A, C); Park Pl (2, 3); Bus: M 5, M 9, M 15, M 22, M 103 | **Tipp** Erfahren Sie im «CityStore» (1 Centre Street) mehr über New Yorks rühmliche wie unrühmliche Vergangenheit. Dort gibt es Bücher, Andenken und Souvenirs in Hülle und Fülle.

36 Das Film Forum
Bogey, Brando, berühmte Flops

Die aufregendste Art, einen Abend zu verbringen, seit es laufende Bilder gibt: Nichts reicht an die Erfahrung heran, einen Film so zu genießen, wie der Regisseur ihn im Sinn hatte: gemeinsam mit Gleichgesinnten in einem intimen Saal. Es wird dunkel – und dann ereignet sich jene Magie, ohne die Cineasten das Leben zwar als möglich, aber sinnlos ansehen. Zwei, drei Stunden lang bewegen sie sich in unbekannten Welten, begegnen Fremden und stecken selbst in prickelnd fremden Schuhen.

Als einzig autonomes Non-Profit-Kino New Yorks zeigt das Film Forum seit 1970 Independent-Filme in einem winzigen Theater mit nur 50 Sitzen. Als große Kinos wie das »Thalia«, das »New Yorker« und das »Bleecker Street Cinema« schlossen, verzehrten sich Filmfreaks nach einem Ort, an dem sie Hollywoods Klassiker neu entdecken und sich nichtkommerzielle amerikanische wie internationale Produktionen ansehen konnten. Während die Kunde vom neuen Film Forum die Runde machte, wuchs die Zahl seiner Fans rapide. Das Haus zog schließlich an seinen heutigen Standort mit drei Sälen und insgesamt 500 Plätzen.

Die üblichen Kunden sind Hipster unterschiedlicher Couleur. Filmfreunde stehen neben versnobten Aficionados Schlange, während sie auf den Einlass warten. Im Angebot: rare Premieren, Dokumentationen, Klassiker, große Regisseure wie Hitchcock, Truffaut, Kurosawa, Woody Allen, bedeutende Schauspieler wie Bogey, Belmondo, Brando oder abgefahrenere Genres wie B-Movies, Pre-code Pics, apokalyptische Science-Fiction-Filme. Berühmte Flops, starbesetzte Spektakel und obskure Kuriositäten – alles ebenfalls hier zu besichtigen. Oft erscheinen Regisseure persönlich zu lebhaften Fragestunden nach der Vorführung. Die Snackbar verkauft standesgemäß Popcorn, Espresso und eine klassische »chocolate egg cream«. Schauen Sie in das Monatsprogramm, checken Sie regelmäßig die Webseite: Dieser Silver Screen zeigt für Kenner Goldies.

Adresse 209 West Houston Street (zwischen Varick Street und Avenue of the Americas), New York 10014, Tel. +1 212.727.8110, www.filmforum.org, info@filmforumnyc.org | **Anfahrt** Subway: Houston St (1); W 4 St (A, B, C, D, E, F, M); Spring St (C, E), Bus: M 5, M 8, M 20, M 21 | **Öffnungszeiten** Ticketschalter öffnet täglich um 12.15 Uhr | **Tipp** Nach dem Filmabend lohnt ein Blick auf die Riesensammlung von alten und neuen Filmpostern bei »Artful Posters« in der Bleecker Street.

37 __ Ford Foundation Atrium
Asphaltdschungel

Ein gewöhnlicher Glasbetonbau aus der letzten Jahrhundertmitte, wie es in Manhattan viele gibt, so steht es da. Allerdings ist sonst nichts gewöhnlich an diesem Haus, auch seine Lobby ist keine Lobby wie jede. Treten Sie ein, und mit einem Mal rückt das staubige, lärmige Alltagsgrau in angenehme Ferne, und Sie finden sich in einem üppigen, flüsterstillen tropischen Regenwald wieder, sind umgeben von einem zehn Stockwerke hohen Atrium, von dessen Decke Tageslicht fällt, an dessen Boden sich gepflegte Wege an in Terrassen angelegten Pflanzungen vorbei- und unter Bäumen hindurchschlängeln. Einen Teich gibt es auch, der Lichtreflexe zaubert. Obwohl Sie mitten in einem Hochhaus stehen, werden Sie wohl niemandem begegnen. Vom leise sprudelnden Wasser abgesehen ist dies ein stiller Ort. Es fällt schwer, sich in Erinnerung zu rufen, dass hier viele Menschen arbeiten.

Der Innengarten bildet eine bedeutsame Komponente innerhalb eines fortschrittlichen Konzepts, das die Architekten Kevin Roche und John Dinkeloo in den 1960er Jahren entwickelten. Ihnen ging es darum, Respekt vor arbeitenden Menschen zu zeigen und für sie eine Atmosphäre zu schaffen, die Kommunikation und Zusammenarbeit förderte. Statt nach außen in die hektische, laute Stadt blicken die Büros und Konferenzräume nach innen und sind transparent, sodass sich die Angestellten auf der jeweils gegenüberliegenden Seite des Innenhofes sehen und auf das ruhige Stück Waldlandschaft in dessen Herzen schauen konnten. Eine Idee, die zum Vorbild vieler begrünter Arbeitsplätze weltweit wurde.

Das seit 1997 denkmalgeschützte sozio-architektonische Meisterstück war auch eines der ersten im ökologischen Sinne »grünen« Gebäude der Stadt; seine Südwand speichert Solarwärme, Regenwasser von den Dächern füllt den Teich und berieselt Pflanzen; die maximale Verwendung von Tageslicht spart Energie.

So könnten sie alle aussehen, die gewöhnlichen Bauten.

Adresse 320 East 43rd Street (zwischen Tudor City Place und Second Avenue), New York 10017, Tel +1 212.573.5000, www.fordfoundation.org | **Anfahrt** Subway: Grand Central-42 St (4, 5, 6, 7, S), Bus: M 15, M 42, M 101, M 102, M 103 | **Öffnungszeiten** Mo–Fr 10–16 Uhr | **Tipp** Entdecken Sie den Garten in der Lobby der »Japan Society« (333 East 47th Street), ein Museum und Kulturzentrum für japanische Geschichte, Sprache und Kunst.

38　Fragrance Garden
Sinnsationell!

Die duftigste Versuchung, seit es Blumen gibt, das ist der Fragrance Garden im Botanischen Garten Brooklyns, wo man mit den Pflanzen auf Augenhöhe so richtig intim wird. Die meisten öffentlichen Grünoasen verfolgen eine strikte Gucken-aber-nicht-anfassen-Politik; im Duftgarten hingegen wird geradezu erwartet, dass Sie das Verbotene tun, Laub und Blütenblätter berühren, sie streicheln, Teile abbrechen und sie zerreiben, damit Ihnen die außerordentliche Vielfalt natürlicher Düfte in die Nase steigt.

Obwohl 1955 von der Landschaftsarchitektin Alice Recknagel Ireys als Spezialgarten für Blinde und Sehbehinderte entworfen – mit Schildern in Braille –, bietet dieses kleine Paradies-im-Paradies sinnliche Höhepunkte für alle Besucher, ob jung oder alt, blind oder sehend.

In seinem Zentrum liegt ein perfekt manikürter ovaler Rasen, um den sich ein gefliester Weg rankt; an dessen gesamtem Umfang entlang erstreckt sich auf erhöhten Beeten – bequem für Fußgänger, Rollstühle und kleine Kinder gleichermaßen – ein Blütenmeer. Die Gewächse verschiedener Spezies sind in vier Gruppen eingeteilt, je nach der Art und Weise, in der sie unsere Sinne kitzeln. Pflanzen, die aufregend anzufassen sind, reichen vom watteweichen Eselsohr bis zur wehrhaften Agave. Wenn Sie die Blätter der Duftlaubigen – Lavendel, Patchouli, Salbei oder Zitronenstrauch – oder von Küchenkräutern zerreiben – wie Basilikum, Majoran, Minze, Dill oder Rosmarin – und dann an Ihren Fingerspitzen schnuppern, kann das Ergebnis geradezu berauschend ausfallen. Vollends herniedersinken werden Sie, nachdem Sie am Duftheinrich, blühenden Tabak oder der Rosa Nachtkerze gerochen haben.

Nachdem Ihr Rundgang vollendet ist, setzen Sie sich doch auf eine der Bänke entlang des Pfades, und betören Sie den nächsten Ihrer Sinne: Vögel singen in den Bäumen zur Begleitmusik von glücklich trunkenem Kinderlachen.

Adresse Eingang zum »Brooklyn Botanic Garden«: 990 Washington Avenue (zwischen Montgomery Street und Sullivan Place), Brooklyn, New York 11225, Tel. +1 718.623.7200, www.bbg.org, info@bbg.org | **Anfahrt** Subway: Eastern Pkwy-Brooklyn Museum (2, 3); Franklin Av (4, 5); Prospect Park (B, Q), Bus: B 16, B 41, B 43, B 45, B 48, B 49 | **Öffnungszeiten** Der Fragrance Garden ist von Mitte Juni bis Mitte Sept. Di–Fr 8–18 Uhr und Sa–So 10–18 Uhr geöffnet. | **Tipp** Im »Brooklyn Botanic Garden« liegt auch der an den Fragrance Garden angrenzende »Shakespeare Garden«. Von dort ist es nur ein Spaziergang zum »Celebrity Path« mit den Namen berühmter Brooklyner.

39 _ Der Galgenbaum
Abhängen im Washington Square

Könnten Bäume sprechen, die Ulme in der Nordwestecke des Washington Square Park hätte schaurige Geschichten zu erzählen. Mit ihren 35 Metern Höhe und dem Stamm von anderthalb Metern Umfang gilt sie als ältester Baum Manhattans – eine stille Zeugin von 300 Jahren New Yorker Geschichte. Obwohl die Chroniken keine offiziellen Hängungen an diesen kapitalen Ästen verzeichnen, hält sich die Bezeichnung »Hangman's Tree«, Galgenbaum. Legenden nämlich wissen sehr wohl von gewaltigen Gräueln, manche davon durchaus plausibel. Während des Unabhängigkeitskrieges etwa sollen Verräter an diesem Baum aufgeknüpft und im angrenzenden Massengrab neben Indianern, Sklaven, Bettlern und Seuchenopfern verscharrt worden sein. Andere Berichte sehen Gefangene des benachbarten Gefängnisses, des »Newgate Prison«, nach Hinrichtungswellen im Astwerk baumeln.

Der einzig dokumentierte Tod am Strang, der hier stattfand, war jener der Rose Butler, einer Sklavin, die das Haus ihres Herrn in Brand gesteckt haben sollte. Sie wurde 1812 gehängt – allerdings nicht an diesem Baum, sondern an einem Galgen in der Nähe. Ein Henker und Totengräber nahm sich sonntags der Verurteilten an – öffentlich. Beerdigungen dann nachmittags. 1827 wurde das Gelände in einen Park umgewandelt; heute gehört es inoffiziell zum Campus der Universität. In den 1960er Jahren versammelten sich hier die Blumenkinder (der Nachwelt erhalten in »Hair«); das Mekka der politischen Aktivisten brachte Musiklegenden wie Bob Dylan und Buddy Holly hervor. Auch heute zieht der Park buntes Volk an: in der Fontäne planschende Spaßmacher, Straßenmusiker, Akrobaten.

Wer den Galgenbaum tagsüber besucht, trifft vielleicht nur auf Schachspieler, Professoren und Gassigeher. Nachts jedoch – so eine der Legenden – sollen hier die Geister der Toten aus ihren Gräbern erstehen, in der Krone herumtollen und von Ast zu Ast schwingen. Wer cool drauf ist, hängt mit ihnen ab.

Adresse Nordwestliche Ecke des Washington Square Park, Washington Square North (Ecke Macdougal Street), New York 10011 | **Anfahrt** Subway: W 4 St (A, B, C, D, E, F, M); Christopher St-Sheridan Sq (1); 8 St-NYU (N, R); Astor Pl (6), Bus: M 1, M 2, M 3, M 5, M 8, M 20 | **Tipp** Im ›Marshall Chess Club‹ in der West 10th Street bestritt der 13-jährige Bobby Fischer 1956 sein Jahrhundertspiel.

40 Die Gärten der Guerilla
Anderweitig besetzt

Seit den 1980er Jahren hat Alphabet City – die Avenues A, B, C und D in East Village – einem ganz speziellen Volk als kreative Brutstätte und Treibbeet gedient, war Schauplatz heftiger Krawalle, vergnügter Anarchie und unbeugsamem Basisaktivismus. Während sich das gediegene Publikum über Stilisierungen wie das Musical »Rent« einen Vorgeschmack auf die *vie bohème* dieser Szenewelt verschaffen konnte, gründeten die Insider der Gemeinde kürzlich das »Museum of Reclaimed Urban Space«, das »Museum des zurückeroberten Raums«, um ihrer komplexen Geschichte gerecht zu werden. Guided Tours aus erster Hand führen durch einst verlassene Gebäude und unbebaute Grundstücke, die von Musikern und Hungerkünstlern besetzt wurden, um Essbares und Buntes anzubauen. Damals sprang der Kommunengeist auf die Nachbarschaft über, steckte andere Viertel an und hatte Auswirkungen weit über die Stadt hinaus.

Das Museum zeigt Ihnen authentische Besetzerwohnungen, die – ohne fließend Wasser, Strom und Heizung – als unbewohnbar galten, in denen jedoch über die Jahre die Künstler- und Sozialrevoluzzerszene ihre Talente und Energien bündelte, um akzeptable Behausungen zu schaffen: »Bullet Space« etwa ist eine nach einer bestimmten Heroinsorte und Einschusslöchern in den ehemals vernagelten Fenstern benannte Neo-Bleibe. Die Bewohner von »C Squat« teilen ihre Selfmade-Flächen mit dem Museum, und »Umbrells House« morphte zu einem Vorzeigeprojekt in Sachen nachhaltiges Wohnen.

Die Tour führt auch durch »guerilla gardens«, wo die Familien Obst, Gemüse und Blumen ziehen. 39 Gärten gedeihen in dieser Umgebung – die größte Kolonie in New York City. Die Oasen im Asphaltgrau dienen als Versuchslabore für urbane Landwirtschaft und als vitale Versammlungsorte.

Weltweit übernommene Initiativen wie ausgebaute Radwege, die Recyclingkultur und »grüne« Architektur haben ihren Ursprung in diesem ABC aus Autonomie, Bio-Logie und Community.

Adresse Museum of Reclaimed Urban Space (MoRUS), 155 Avenue C (Ecke 10th Street), Avenues A, B, C, D, 1st to 14th Street, New York 10009, www.morusnyc.org, info@morusnyc.org | **Anfahrt** Subway: 1 Av (L), Bus: M 8, M 9, M 14A, M 14D, M 21 | **Öffnungszeiten** Di und Do–So 11–19 Uhr | **Tipp** Im Tompkins Square Park, einem Hippie-Hangout der 1960er Jahre und Schauplatz der Besetzerkrawalle in den 1980er Jahren, finden jährliche Szene-Events wie die »Halloween dog parade«, das »Wigstock drag festival« und ein »Ginsberg Howl festival« statt.

41 Die Gertrude Stein Statue
Die erste Amerikanerin

Auf der oberen Terrasse des Bryant Park, des baumgesäumten Hinterhofs der »New York Public Library«, sitzt wie in Gedanken versunken eine Statue der Gertrude Stein, jener Schriftstellerin, deren bahnbrechende Werke einst die literarische Tradition herausforderten und die als Mentorin vieler Autoren, bildender Künstler und Musiker der Zwanziger-Jahre-Avantgarde wirkte. Der Standort der Skulptur, nur wenige Schritte vom monumentalen Schrein für Bücher und Ideen entfernt, zollt ihrer Bedeutung für die Moderne und deren Geistesleben Anerkennung, nicht zuletzt als eine der ersten Vorkämpferinnen für lesbische Lebensformen.

Weihnachtsbasare, Schlittschuhläufer oder Konzerte verdecken die Statue zuweilen, aber einmal erspäht, vergessen Sie diese Gestalt nicht mehr, die – zwar weniger als einen Meter hoch – zugleich lebens- und überlebensgroß erscheint. Nachdenklich, schwer, im Schneidersitz mit langem Rock, der über ihre Knie fällt, verkörpert sie erdige Kraft. Bildhauer Jo Davidson war Mitglied ihres berühmten Pariser Samstagnachmittags-Salons in der Rue de Fleurus, wo Größen wie Hemingway, Joyce, Fitzgerald, Picasso und Matisse beisammensaßen und disputierend die Kunstwelt aus den Angeln hoben. »Eine Büste von Gertrude wäre nicht genug – sie war so viel mehr als nur ein brillanter Kopf. Daher habe ich aus ihr eine Art modernen Buddha gemacht«, sagte Davidson, der Stein 1920 dazu überreden konnte, für ihn zu posieren. Als die Skulptur 1923 enthüllt wurde, nannten Kritiker sie »hässlich und unvorteilhaft«, die Porträtierte jedoch soll sie gemocht haben.

Der Bronzeguss im Bryant Park ist der achte aus einer Serie von zehn; zwei weitere befinden sich im »Whitney« und im »Metropolitan Museum«. Es mag verwundern, dass diese Statue, die der Kunstsammler Dr. Maury Leibovitz 1992 der Stadt stiftete, die erste Skulptur einer amerikanischen Frau gewesen ist, die jemals in einem der Parks New Yorks aufgestellt wurde. Oder auch nicht.

Adresse Zwischen West 40th und 42nd Street und Fifth und Sixth Avenue, New York 10018. Die Statue befindet sich auf der oberen Terrasse des »Bryant Park« (östlich des »Le Carrcusel«), hinter der »New York Public Library«. | **Anfahrt** Subway: 42 St-Bryant Pk (B, D, F, M); 5 Av (7), Bus: M 1, M 2, M 3, M 4, M 5, M 42 | **Tipp** Die beliebten Library Lions, die Bibliothekslöwen am Haupteingang an der Fifth Avenue, sind das Werk von Edward Clark Potter. Bürgermeister Fiorello LaGuardia taufte sie Patience, Geduld, und Fortitude, Tapferkeit. Alle Parkdenkmäler unter: www.nycgovparks.org/art-and-antiquities/permanent-art-and-monuments.

42 Das Gitter
Hör mal her am Times Square

Nee, ne? Von unten her, aus einem der Bodenroste an der »Weltkreuzung« schlechthin, dröhnt tatsächlich ein markanter, tiefer Ton. Rundherum: flackernde Neonlichter, gigantische Reklamewände, animierte Bilder, die über jede Oberfläche zucken. Hier, inmitten der Kakophonie aus brüllendem Verkehr, hastenden Massen, tutenden Hupen und schreienden Verkäufern – ein High-Dezibel-Gebiet erster Ordnung –, schiebt sich dieser bizarre Ton klar vernehmlich durch das Gitter. Manche hören ein Summen, andere einen nachhallenden Gong. Da der Ton melodischer klingt als eine simple Schwingung und sanfter als ein Summen, gemahnt die unverändert gehaltene Note für wiederum andere an die heiligste aller Silben. *Om.*

Gehen Sie hinüber zur Fußgängerinsel zwischen 46th Street, Broadway and Seventh Avenue, wo sich kostümierte Gestalten wie Elmo oder der Freiheitsstatuen-Mann gern aufhalten. Sobald Sie am Gitter stehen, müssen Sie sich nicht eigens hinunterbeugen oder die Ohren spitzen. Horchen Sie nur hin – unverwechselbar! *Ommm, Hmmm* ... Obwohl Tag und Nacht Horden von Fußgängern darüberlaufen, scheint kaum jemand etwas zu bemerken. Falls doch einmal, wird es für ein Baugeräusch aus dem Subwaytunnel gehalten.

Dabei handelt es sich um eine sehr bewusst angebrachte Installation des Tonkünstlers Max Neuhaus von 1977, der damit rechnete, dass die meisten Passanten achtlos daran vorübergehen würden, und der hoffte, dass gewisse andere den Ton bemerken, innehalten und schließlich würden wissen wollen, was *das* denn sei. Da Neuhaus verfügt hatte, dass kein Schild auf sein Werk hinweisen dürfe, ist es nur zu entdecken, wenn man es *hört.*

Von 1992 bis 2002 war der Ton entfernt worden, wurde später jedoch von der Dia Art Foundation reinstalliert. Heute schallt das unheimliche Gebet aus der Tiefe wieder aus dem Bauch jenes Monstrums heraus, das sich Times Square nennt – Tag für Tag und Nacht für Nacht.

Adresse nördliche Spitze der Fußgängerzone zwischen West 45th und 46th Street und zwischen Broadway und Seventh Avenue | **Anfahrt** Subway: Times Sq-42 St (N, Q, R, S, 1, 2, 3, 7); 49 St (N, Q, R), Bus: M 5, M 7, M 20, M 42, M 50, M 104 | **Öffnungszeiten** rund um die Uhr | **Tipp** Poster von Broadway-Flops säumen die »Flop Wall« im »Jo Allen Restaurant« in West 46th Street, wo man hungrige Schauspieler und Theatercracks trifft.

43 Der Goldtresor in der Federal Reserve Bank

Stirb nie

Wie eine Festung. Nicht ohne Grund ähnelt das Gebäude der Federal Reserve Bank einer verteidigungsbereiten Trutzburg: In ihrem Keller lagern 7.000 Tonnen Gold! Das weltweit größte bekannte Lagerhaus für das begehrte Edelmetall befindet sich in 25 Metern Tiefe, umgeben vom Grundgestein Manhattans.

Security? In diesem drei Meter hohen und 90 Tonnen schweren Tresor sichern über 100 nummerierte Abteilungen, die Käfigen ähneln, mit unzähligen Schlössern und dem Siegel des Bestandsprüfers versehen sind, den luft- und wasserdichten, 140 Tonnen schweren Stahl- und Betonkern der Anlage. Einmal aktiviert, können die Schlösser bis zum nächsten Tag nicht wieder deaktiviert werden. Ein ausgetüfteltes Überwachungssystem umfasst Kameras, Bewegungsmelder und die Polizeieinheit der Zentralbank.

99 Prozent des Goldes befinden sich in ausländischem Besitz; wem was gehört, obliegt jedoch strengster Geheimhaltung. Der Top-Eigentümer ist 107.000 Barren schwer, der leichteste besitzt nur einen, so viel darf verraten werden. Das meiste Gold wurde hier während und nach dem Zweiten Weltkrieg deponiert, als New York als sicherster Ort galt, um Goldreserven einzulagern. Als das Depot im Kinothriller von 1995 – »Stirb langsam: Jetzt erst recht« – fiktiv geplündert wurde, war das natürlich ein Megahit.

Besuchen Sie den Tresorraum während Ihrer kostenlosen Führung durch die NY Federal Reserve Bank; reservieren Sie online, drucken Sie Ihr Ticket aus und bringen Sie Ihren Ausweis mit. Hier erfahren Sie, wie das Finanzsystem der USA im Gleichgewicht gehalten wird, wie die Währung in Umlauf gebracht wird, Banken reguliert werden und wie das elektronische Bezahlungssystem funktioniert. Vier Stockwerke unterhalb schließlich finden Sie sich in der New Yorker Goldmine wieder, in der alles echt ist, was glänzt – und ewig.

Adresse 44 Maiden Lane (zwischen Nassau und William Street), New York 10045, www.ny.frb.org/aboutthefed/visiting | **Anfahrt** Subway: Wall St (2, 3); Fulton St (4, 5, A, C, J); Cortlandt St (R), Bus: M 5, M 9, M 15, M 22, M 103 | **Öffnungszeiten** Touren Mo – Fr 13 Uhr und 14 Uhr (ausgenommen Bankenfeiertage) | **Tipp** Schauen Sie sich die 100 Jahre alte Uhr an, die im Bürgersteig der Kreuzung Maiden Lane und Broadway eingelassen ist – und die noch immer richtig tickt.

44 Governors Island
Reif für die Insel

Einst führten Farmer ihre Kühe über den Brooklyner »Buttermilk Channel« hierher – so lange, bis das liebe Vieh die Wiese tiefergelegt hatte. Die nächsten paar 100 Jahre wurde die idyllische Brache militärisch genutzt und ist erst seit Kurzem jedem zugänglich. Anno 1637 kauften die Holländer das damalige Fischerdorf dem Lenape-Stamm für den Gegenwert von zwei Axtköpfen, einer Perlenkette und einigen Nägeln ab. 1784 erhoben die Briten Anspruch auf das Land, um dort »His Majesty's Governors« unterzubringen.

Die Geschichte als militärischer Stützpunkt verlief wild und wechselhaft: Nach der Amerikanischen Revolution wurde hier eine Verteidigungsbasis errichtet, um New York vor Angriffen vom Wasser aus zu schützen; erfolgreich trotzte sie dem Ansturm der Briten von 1812. Im Bürgerkrieg diente sie als Gefängnis; im Zweiten Weltkrieg dann steuerten die Strategen von hier aus die Landung in der Normandie. Von 1966–96 war sie mit 3.500 Ansässigen, die dort ein Kleinstadtleben führten, der gewaltigste Stützpunkt einer Küstenwache der USA – in unmittelbarer Nähe zu Amerikas größter Metropole. 2001 schließlich wurden neun Hektar der Öffentlichkeit übereignet; 2003 erhielt sie auch den Rest.

Heute bringt Sie eine Fähre von Manhattan oder Brooklyn zu diesem nun friedlich und sorgenfrei umdesignten sowie autofreien Abenteuerspielplatz mitten im Hafen. Sie fühlen sich reif für diese Insel? Erobern Sie sie per Fahrrad, Kajak oder einem Drachen im Wind! Für Faule: Schwingen Sie in Hängematten im schattigen Hain, lassen Sie beim Picknick die Schiffe an sich vorbeiziehen.

Für die Kultivierten gibt es Kunstevents, Konzerte, Kulinarisches und Themenfestivals wie die »Jazz Lawn Party«, bei der Klamotten der Gatsby-Ära Pflicht sind. Ach: Erwähnten wir den Blick?

Niederländische Landschaftsarchitekten (Zufall?) legen hier derzeit Viehweiden und hügelige Parks an. Platt trampeln allerdings müssen Sie nichts.

Adresse Manhattan Ferry: Battery Maritime Building, 10 South Street (Ecke Whitehall Street), New York 10004; Brooklyn Ferry: Brooklyn Bridge Park, Pier 6 (südliches Ende des Parks), www.govisland.com, info@govisland.nyc.gov | **Anfahrt** zur Manhattan Ferry: Subway: South Ferry (1); Bowling Green (4, 5); Whitehall St (N, R); Broad St (J, Z), Bus: M 5, M 15, M 20; zur Brooklyn Ferry: Subway: High St (A, C); York St (F); Clark St (2, 3); Court St (R), Bus: B 25, B 61, B 63, B 67 | **Öffnungszeiten** Ende Mai–Ende Sept. Mo–Fr 10–18 Uhr, Sa–So 10–19 Uhr | **Tipp** »The Downtown Connection« ist ein Gratisbus, der an 37 Haltestellen (einschließlich State und Whitehall Street nahe der Fähre) zwischen South Street Seaport und Battery Park City hält (www.downtowny.com/getting-around/downtown-connection).

45 _ Green-Wood Cemetery

Himmel auf Erden

Ein Märchenland: Sobald Sie durch das neugotische Tor treten, erstrecken sich vor Ihnen knapp 200 Hektar sanfter Hügel, Täler, Seerosenteiche und Waldwege, soweit das Auge reicht. Zunächst scheint unklar, wohin Sie zuerst gucken sollen, welcher Pfad einzuschlagen ist und ob Ihre Beine Sie überhaupt so weit tragen werden. Die Lösung: Halten Sie auf das Visitors Center zu. Sofern Sie keine Grabstätte suchen, die Sie hier allerdings ebenso bekämen, wird man Ihnen gern erläutern, wie Sie sich hier zurechtfinden. Mit Hilfe einer Karte schlägt man Ihnen Routen vor, weist Sie auf besondere Grabmäler, Gedenkstätten und Kunstwerke hin. Ob Sie nun Geschichtsfan sind, Kunstfreund, Vogelbeobachter oder ganz einfach jemand, der einen ruhigen Ort zum Nachdenken oder Tagträumen sucht – die elysischen Gefilde werden Sie bezaubern.

1838 gegründet, war der Friedhof schon damals nicht nur die trendigste aller Ruhestätten, sondern auch ein sehr beliebtes Reiseziel des 19. Jahrhunderts – das zweitpopulärste nach den Niagarafällen! Jahrzehnte vor der Gestaltung des Central Parks oder dem Bau des »Metropolitan Museum of Art« war der Friedhof *die* ländliche Oase der New Yorker und ein beeindruckender Skulpturengarten unter freiem Himmel.

Die Namensliste der ›Bewohner‹ liest sich eindrucksvoll: Helden, Schurken, Künstler, Entertainer, Soldaten, Sportlegenden und Erfinder neben gewöhnlichen Bürgern. Die Berühmten und Berüchtigten auszugucken, macht Ihnen Ihre Karte leicht: Peter Cooper, Henry Ward Beecher, Elias Howe, DeWitt Clinton, Louis Comfort Tiffany, einige Roosevelts, Lola Montez, Leonard Bernstein oder Jean-Michel Basquiat. Oben auf dem Battle Hill schließlich, einem der Schauplätze des Unabhängigkeitskrieges und zugleich höchstem Punkt Brooklyns, steht eine gestrenge Minerva mit Robe und Helm, die sich mit der Freiheitsstatue jenseits des Flusses ein – sphärisches – Blickduell liefert.

Adresse 500 25th Street (Ecke Fifth Avenue), Brooklyn, New York 11232, Tel +1 718.768.7300, www.greenwoodcemetery.org | **Anfahrt** Subway: 25 St (D, N, R); 36 St (D, N, R), Bus: B63 | **Öffnungszeiten** Haupteingang (25th Street): im Sommer 8–19 Uhr, im Winter 3–17 Uhr, Nebeneingänge: Sa und So 8–16 Uhr | **Tipp** Kehren Sie unbedingt in der nahe gelegenen »Sea Witch Tavern« auf der 5th Avenue ein – der gefeierten Craft-Biere und des rustikalen Wirtshausessens wegen. Verlässliche Quellen bezeugen, dass »Sea Witch« inoffizielle (und unorthodoxe) Führungen nach Green-Wood anbietet (seawitchnyc.com).

46 Das größte Schachbrett
We are the champions

Flanieren Sie durch die Parks und über die öffentlichen Plätze New Yorks, und Sie haben gute Chancen, auf Schachspieler zu treffen, wie sie über ihren Brettern hocken und über die geniale Strategie für den entscheidenden nächsten Zug nachsinnen.

Gehen Sie an der zur 48th Street gelegenen Seite des Hochhauses an der 767 Avenue entlang, und schauen Sie nach oben: Was Sie hier erblicken, ist ein veritables, drei Stockwerke hohes Schachbrett, an jener Wand befestigt, die von der Lobby des Gebäudes aus zu sehen ist. Passanten mögen schmunzeln und es für eine dieser schrägen urbanen Spielereien halten –, aber es ist echt. Seit seiner Installation 1982 besteigt jeden Mittwoch um zwölf Uhr ein Arbeiter eine hydraulische Arbeitsbühne und bewegt einen der massiven Steine, um einen Zug einer historischen Partie nachzustellen. Eine Fahne links zeigt an, wer als Nächster dran ist; eine Messingtafel ermuntert die Besucher zu tippen, welche Seite wohl gewinnen wird. Ein Schild in der Lobby versorgt die Neugierigen mit Erläuterungen zur legendären Partie, die gerade nachgespielt wird, und lockt mit einem Preis für den Ersten, der die korrekte Lösung weiß.

Designguru Melvyn Kaufman arbeitete mit namhaften Architekten zusammen, um einige Midtown- und Downtowngebäude aufzupeppen, die der Firma seines Vaters gehörten; er verabscheute öffentliche Plätze mit glatten Marmorwänden, wie sie damals in waren, und verhalf seiner persönlichen Philosophie mittels einer »Kombination aus geschmeidigem Modernismus und disneyesker Ornamentalistik« zum Ausdruck, wie die »New York Times« schrieb. Seinen Kollegen galt er als Exzentriker. Mit der Idee allerdings, Glas und Stahl der Wolkenkratzer mit einem interaktiven Spiel zusammenzubringen, war er ihnen um Jahrzehnte voraus. Nehmen Sie Platz auf einer Bank unterhalb des Schachbretts, bedenken Sie Ihren nächsten Zug gut, und messen Sie sich mit den Champions Ihrer Zeit.

Adresse World`s Largest Chessboard, 767 Third Avenue (Ecke East 48th Street), New York 10022 | **Anfahrt** Subway: 51 St (6); Lexington Av/53 St (N, Q, R), Bus: M 15, M 42, M 50, M 101, M 102, M 103 | **Öffnungszeiten** täglich rund um die Uhr | **Tipp** Eine weitere architektonische Überraschung Kaufmans erwartet Sie in der 747 Third Avenue, wo die Statue einer nackten Frau zwischen den Eingangsdrehtüren aufblitzt.

47 Hall of Fame for Great Americans

Weiße Männer schauen dich an

An einem der höchsten Punkte der Bronx, mit einem Postkartenblick auf Harlem River, Manhattan und die fernen New Jersey Palisades, steht diese halbrunde, 200 Meter lange Freiluft-Kolonnade. Zwischen den klassizistischen Säulen reihen sich Bronzebüsten von Amerikanern mit klangvollen Namen aneinander: Staatsmänner, Soldaten, Wissenschaftler, Erfinder, Theologen, Schriftsteller, Künstler, Musiker und Schauspieler. Hohe Tiere schauen Sie an: Abraham Lincoln etwa, Booker T. Washington, Mark Twain oder Susan B. Anthony. Die Büsten stellen die landesweit wichtigste Sammlung von Bronzeporträts dar.

Vom einst führenden Architekten Stanford White auf dem damaligen Campus der New Yorker Universität errichtet, wurde dieser Nationalschrein 1901 eingeweiht und entwickelte sich schnell zur Touristenattraktion. 98 ehrwürdige Häupter sind ausgestellt; vier warten auf ihre Platzierung. Wie es typisch für die Zeit war, ehrte man hauptsächlich weiße Männer; nur elf von ihnen sind Frauen und zwei Afroamerikaner. Sie alle ziert eine Gedenktafel – viele von Tiffany gefertigt –, darin eingraviert: Name, wichtige Daten, Errungenschaften und Zitate.

Als erste Hall of Fame Amerikas war diese Vorläuferin aller, die folgten. Während der aktiven Auswahlphase von 1900 bis 1973 konnten Bürger bei einem Komitee Nominierungen einreichen. Viele Jahre lang wog ein Platz in dieser Runde in gesellschaftlichen Zirkeln und Intellektuellenkreisen mehr als der Nobelpreis.

1973 erwarb das »Bronx Community College« den Campus von der Stadt. Leider begann der Glanz der Säulenheiligen bald zu verblassen; heute wissen nur noch wenige New Yorker um die Existenz der Wandelhalle. Ruhm ist eben vergänglich, alle Halls oder Walks of Fame bleiben Momentaufnahmen und ziehen mit der Zeit. Schauen Sie sich darum das majestätische Original an; dann starrt auch niemand mehr ins Leere.

Adresse Hall of Fame Terrasse im »Bronx Community College«, 2155 University Avenue (zwischen West 180th und 181st Street), Bronx, New York 10453, Tel. +1 718.289.5180 (zum Vereinbaren einer Führung), www.bcc.cuny.edu/halloffame | **Anfahrt** Subway: Burnside Av (4), Bus: BX 3, BX 32, BX 40, BX 42 | **Öffnungszeiten** täglich 10–17 Uhr | **Tipp** Ebenfalls auf dem Campus: die »Stanford Whites Gould Memorial Library«, eine Bibliothek mit prächtigen, vom Pantheon inspirierten Kuppeln, Säulen aus Connemara-Marmor und Buntglasfenstern von Tiffany.

48 Harings Schwimmbad
Die Meerjungmänner

Delphine schießen durch Reifen, während Meerjungmänner, Kinder und Phantasiefische tauchen und herumtollen – auf der fünf Meter hohen und 50 Meter breiten Betonmauer des öffentlichen Schwimmbades in der Carmine Street. Als überschäumende Feier der Wasserfreuden in leuchtendem Blau, Gelb, Weiß und Schwarz ist dieser Reigen auf nackter Wand unverwechselbar das Werk des international gefeierten New Yorker Künstlers und Sozialaktivisten Keith Haring. Er malte ohne Skizzen, nur von der Eingebung des Augenblicks und seiner Liebe zu Stadtkindern geleitet. Zwischen den baumgesäumten Straßen von West Village macht die bunte Gesellschaft auch heute noch an heißen Sommertagen den Badegästen Laune.

Der 1958 in Pennsylvania geborene Haring studierte bildende Kunst, zog in den frühen Achtzigern nach New York City und schloss sich der Underground-Szene junger Graffitisprüher, Punks und Hip-Hop-Musiker an, die bereits dabei waren, die Kunstszene aufzumischen. Das Erste, was die Stadt von Haring sah, waren seine charakteristischen Silhouetten, die er auf ungenutzte Werbeflächen der Subway warf. Ausstellungen in Galerien und öffentliche Kunst zogen ein breiteres Publikum in den Bann seiner mit kühnem Strich gezeichneten Darstellungen von Liebe, Leben, Sex, Geburt, Tod – und Krieg.

Als offen schwul lebender Künstler scheute er nicht davor zurück, auch über erotische Bildsprache ans Gewissen des Betrachters zu appellieren. 1986 gründete er die Pop Shops – getreu seinem Credo »art is for everybody« – und verkaufte dort preiswerte Schlüsselanhänger, Anstecker oder T-Shirts. Der Erlös kam New Yorker Schulen, Apartheid-Gegnern oder der AIDS-Forschung zugute.

Tragischerweise erlag Keith Haring 1990 mit erst 31 Jahren selbst dem Leiden. Sein Werk jedoch lebt in Ausstellungen, Sammlungen, Krankenhäusern, Kitas und auf Spielplätzen fort. Und an diesem coolen Pool, in dem Sie künstlerisch wertvoll planschen.

Adresse 1 Clarkson Street (Ecke Seventh Avenue), New York 10014, Tel. +1 212.242.5228 | **Anfahrt** Subway: Houston St (1); W 4 St (A, B, C, D, E, F, M), Bus: M 5, M 20, M 21 | **Öffnungszeiten** 4. Juli–Labor Day (früher September) täglich 11–15 und 16–19 Uhr | **Tipp** Der pittoreske Vorderaufgang der TV-Serie »Bill Cosby Show« liegt in Wahrheit nicht in Brooklyn, sondern am 10 Saint Lukes Place, an der Nordseite des Schwimmbades.

49 Harriet Tubmans Rock
Man nannte sie Moses

Swing Low, die Statue der Harriet Tubman, wird gern als »fahrender Zug in Gestalt einer Frau« beschrieben – mit Armen wie stampfenden Kolben und einem freigeblasenen Unterrock, der an den Bullenfänger einer Lokomotive erinnert. Nichts wird dieser Skulptur im Weg stehen, nichts ihre Reise aufhalten; unbeirrbar ist ihr Blick nach vorn gerichtet. Indem sie aus dem Dickicht ihrer Vergangenheit hervorbricht, lässt sie die schweren Lasten, das ganze alte Gepäck einfach hinter sich. Auf der Oberfläche ihres Rocks zeichnen sich Gesichter entflohener Sklaven, ihre durchlöcherten Schuhsohlen und andere Symbole der Gefangenschaft ab – Fußfesseln, Ketten, Eisenschlüssel. Das Monument will an rassistische Unterdrückung erinnern – und an eine große Freiheitskämpferin.

Um 1820 wurde Araminta Ross in die Sklaverei Marylands hineingeboren. Als sie 1849 entkam, orientierte sie sich an der Underground Railroad, einem geheimen Netzwerk aus Fluchtrouten und sicheren Unterkünften. In Philadelphia benannte sie sich in Harriet Tubman um; inkognito kehrte sie als Fluchthelferin auf die Plantagen der Südstaaten zurück, um anderen Sklaven den Weg in die Freiheit zu weisen. Sie nannten sie ihren »Moses«.

Während des Bürgerkrieges war Tubman aufseiten der Nordstaaten als Krankenschwester und Agentin im Einsatz; 1863 führte sie gar eine Operation an einem Fluss in South Carolina an, die zum militärischen Sieg und der Befreiung von 800 Sklaven führte. Nach dem Krieg stritt sie unermüdlich weiter für Rassengleichheit, Frauenrechte, Arme und Versehrte.

Nun überragt sie eine Kreuzung in Harlem mit dem Gesicht gen Süden. Als einige Anwohner verlangten, die Statue nach Norden auszurichten (symbolisch zur Freiheit hin), bestand Bildhauerin Alison Saar darauf, ihr Werk unangetastet zu lassen. Es sei auf Tubmans Reisen nach Süden gewesen, während derer sie ihr eigenes Leben riskiert und das anderer gerettet habe.

Adresse West 122nd Street (Ecke St. Nicholas Avenue und Frederick Douglass Boulevard), New York 10027 | **Anfahrt** Subway: 125 St (A, B, C, D), Bus: M2, M3, M7, M10, M11, M3, M100, M101, M104, M116 | **Tipp** Traditionelle afrikanische Textilien, Handwerk, Schmuck, Kunst und einzigartige Kleidung finden Sie auf dem »Malcolm Shabazz Market« (52 West 116th Street) unter freiem Himmel.

50   Henderson Place
Türmchen unter Türmen

Beinahe verwunschen: An der östlichen Grenze Yorkvilles liegt versteckt eine Sackgasse wie aus dem Bilderbuch, in der sich Wohnhäuser im Queen-Anne-Stil unter Wolkenkratzern entlangschmiegen. Jedes Haus in dieser ruhigen Straße weist ein einzigartiges Design auf; elisabethanische, flämische und klassizistische Details schmücken ihre mehrfach verglasten Fenster, Bögen, Dachgauben, Schornsteine, Türmchen und Erker. Der nostalgische Charme der Straße lädt zu einem Spaziergang ein – in die gute alte Zeit hinein.

Als deutsche Einwanderer sich hier niederließen, lag Yorkville gut acht Kilometer nördlich der geschäftigen Stadt, ein ländlicher Bezirk, wo wohlhabende Kaufleute wie Jacob Astor oder Archibald Gracie elegante Farmen und Anwesen am Flussufer besaßen. Als die Eisenbahn den Norden New Yorks erreichte, wurde die Gegend attraktiv für Industriemogule, die an den Boulevards im Grünen extravagante Villen errichteten.

Als die Industrie einzog, schossen Fabriken und Mietshäuser aus dem Boden und veränderten die Klassenstruktur. Geschäftsmann John Henderson sah eine Möglichkeit, für »Personen mit beschränkten Mitteln«, die der übervölkerten Stadt zu entkommen suchten, Wohnhäuser zu bauen. Er kaufte eine kleine Parzelle zwischen Yorkville und den East End Avenues und beauftragte Lamb & Rich – Architekten einer Präsidentenvilla auf Long Island – mit dem Bau der Gebäude, die 1882 fertiggestellt wurden. Mit ihren zwei Stockwerken und dem gedrängteren Innenleben waren sie kompakter als die großen Stadthäuser. Was ärmlich begann, wurde für Generationen von New Yorkern zu begehrten Objekten, darunter auch berühmte und begüterte wie ein französisches Herzogspaar und das legendäre Theaterpaar Lunt & Fontanne.

Von den ursprünglich 32 Häusern stehen noch 24, intakt und bestens erhalten. Die Adresse bleibt nachgefragt; nur über »beschränkte Mittel« sollte man besser nicht mehr verfügen.

Adresse East 86th Street (zwischen York und East End Avenue), New York 10028 |
Anfahrt Subway: 86 St (4, 5, 6), Bus: M 15, M 31, M 86, M 101, M 102, M 103 |
Tipp Gegenüber, auf der anderen Seite der East End Avenue, liegt »Gracie Mansion«, ein Holzrahmenhaus von 1799 und offizielle Residenz der Bürgermeister von New York City seit 1942. Besichtigungen finden mittwochs statt (gracie-tours@cityhall.nyc.gov).

51 Der Hochzeitsgarten
Lächeln wie beim ersten Mal

Man nennt sie Rathaus-Hochzeiten, die eigentlichen Trauungen jedoch werden einige Blocks nördlich durchgeführt: im Büro des Urkundsbeamten. Einst ein schäbiges, wenig einladendes Kabuff wie die meisten unpersönlichen Horte der Bürokratie, in denen man etwa für den Führerschein Schlange stand, hat sich das »Manhattan Marriage Bureau« nach einer Verschönerungsoffensive durch Bürgermeister Michael Bloomberg zu einem Erlebnisstandesamt von Weltklasse gemausert. Die gastlichen neuen Räume im Erdgeschoss verfügen über einen Wartesaal, zwei hübsche Kapellchen, die zum Ausleben der Restzweifel einladen, und vollverspiegelte Toiletten, wo sich vor dem Jawort die Intaktheit des minutiös aufgerödelten Looks überprüfen lässt.

Über 20.000 Paare im Jahr trauen sich hier. Im Büro füllt man die nötigen Formulare aus, erhält die Erlaubnisurkunde und kehrt mindestens 24 Stunden später mit einem volljährigen Trauzeugen zurück, um den Bund des Lebens in einer kleinen Zeremonie zu schließen.

Sie brauchen kein US-Bürger zu sein; neben dem Papierkram reicht der Pass. Accessoires und Souvenirs rund ums Thema »Hochzeit in New York« sind nebenan im CityStore zu haben: frische Bouquets, Tiaras, Fake-Diamantringe, Wegwerfkameras, Baseballcaps für die Brautleute. Draußen auf der Straße lauern die Fotografen – Ihre höchsteigenen Paparazzi – und bieten ihre Dienste feil.

Nach Schwüren, Küssen und Glückwünschen schnappen Sie sich Ihre Hochzeitsurkunde und den frisch angetrauten Gatten, um – vorbei an simsenden Anwälten und Angestellten – gegenüber im romantischen Wedding Garden von der Vermählung Fotos zu machen. An diesem Flecken Grün vor den mächtigen Gerichtssäulen kommen Sie nicht nur unter die Haube, sondern auch unter die reizende Laube samt Blumenrabatten und Bäumen. Zücken Sie die Kamera, drücken Sie auf den Auslöser und zeigen Sie der ganzen Welt: Hier hat es klick gemacht.

Adresse Wedding Garden: Südöstliche Ecke der Centre und Worth Street, New York 10013; Manhattan Marriage Bureau: 141 Worth Street (Ecke Centre Street), New York 10013 | **Anfahrt** Subway: Brooklyn Bridge-City Hall (4, 5, 6); Chambers St (A, J, C); City Hall (R); Canal St (N, Q), Bus: M 5, M 9, M 22, M 103 | **Öffnungszeiten** Wedding Garden: täglich 6–24 Uhr; Manhattan Marriage Bureau: Mo–Fr 8.30–15.45 Uhr | **Tipp** Feiern Sie Ihre Liebe mit einem Champagner-Toast im »Delmonico's« (56 Beaver Street), Amerikas erstem Speiserestaurant von anno 1837.

52 Hua Mei Bird Garden
Sweet tweets are made of this

Man hört sie, bevor man sie sieht. Jeden Morgen trillert es von einer idyllischen grünen Insel südlich der Delaney Street her; die rhapsodischen Weisen übertönen gar den Verkehrslärm.

Hua Mei Bird Garden ist ein kleines, abgezäuntes Refugium im Sara Delano Roosevelt Park, wo Mitglieder des Hua Mei Bird Clubs – ältere Chinesen aller sozialen Schichten, die eine Leidenschaft für exotische Singvögel eint – ihre gefiederten Freunde an die frische Luft bringen, damit sie, von anderen Sängern inspiriert, ihr Repertoire perfektionieren. Käfige überall; sie stehen auf dem Boden, hängen von Bäumen und Pfosten herab. Die schützenden Baumwolldecken werden behutsam abgenommen, die Vögel erwachen, und schon bald durchdringen ihre perlklaren Gesänge die Morgenstille.

Einem Uneingeweihten mag dies als schrulliger Zeitvertreib alter Männer erscheinen; in Wahrheit handelt es sich um ein ernsthaftes und teures Hobby. Während man hier und da auch Finken und Meisen erblickt, sind doch die meisten authentische Hua-Mei-Vögel, Augenbrauenhäherlinge, eine Drosselart aus China und Vietnam. Hunderte, manchmal Tausende Dollar kosten die Tiere; hinzu kommen die Gebühren für die vier Wochen Quarantäne nach der Einführung in die USA. Sobald jedoch die kostbaren Geschöpfe den Zoll verlassen haben, dürfen sie ein geräumiges Bambusbauer mit handbemalten Futterschalen aus Porzellan ihr Eigen nennen. Es folgt eine längere Phase des Heranziehens und Trainierens, die sicherstellen soll, dass sie bald erfolgreich um die Wette trällern können.

Mitglieder des Clubs kommen täglich her, am Wochenende aber wird es richtig voll – und laut. Der Wettbewerb kann heftig bis erbittert ausfallen. Jeder kleine Virtuose, so heißt es, variiere sein eigenes Lied, wenn er das der anderen höre. Sobald Ihnen das vielstimmige Konzert in die Ohren dringt, wissen auch Sie es wieder: Manches Gezwitscher ist mehr als ein kraftloser Tweet.

Adresse Sara Delano Roosevelt Park, Delancey Street (zwischen Forsyth und Chrystie Street), New York 10002 | **Anfahrt** Subway: 2 Av (F); Bowery (J, Z); Delancey St-Essex St (J, F, M); Grand St (B, D), Bus: M 9, M 14A, M 15, M 21, M 22, M 103, B 39 | **Öffnungszeiten** täglich 7–12 Uhr | **Tipp** Erleben Sie die Premiere eines Arthouse-Films im »Sunshine Theater«, das 1909 als jiddisches Varietétheater – das legendäre ehemalige »Houston Hippodrome« – gegründet wurde.

53 Indoor Extreme Sports
Perfekt für Perverse

Verlassen Sie die Couch. Bewegen Sie sich geradewegs hierher, und tauchen Sie in eine adrenalinsatte Welt interaktiver Spiele ein. Sobald Sie den Eingangsbereich betreten, fühlen Sie den Sog der gesammelten Energien. Vor Ihnen liegt eine urbane Landschaft intensiven körperlichen wie geistigen Work-outs: Männlein wie Weiblein aller Altersklassen warten gemeinsam mit Ihnen in der Schlange darauf, drinnen die Hölle losbrechen zu lassen. Folgen Sie den Jubelschreien ekstatischer Spieler in die gut 3.000 Quadratmeter großen höhlenartigen Welten der schieren Imagination. Sie ist in verschiedene Zonen von Abenteuerspielen untergliedert, die Ihre Reflexe testen, die archaischeren Regionen Ihres Gehirns herausfordern und Ihnen schlussendlich die Sinne wegpusten.

»ReBall« ist eine Variante des Paintball, phantastisch auch ohne Farbkugeln. Beim »Archery Tag« raufen sich die Teams um Bögen und Pfeile mit Schaumstoffspitzen und rennen dann über Barrikaden hinweg, um sich gegenseitig zu überholen. »Black Ops Laser Tag« stattet Sie mit einer Montur aus, die Ihnen ein authentisches Kriegsgefühl beschert, Gewehre inklusive. Zwischen realistisch wirkenden Landschaften mit Bäumen und Sprengfallen simulieren die Kampfverbände Angriffe. Alles Hightech: Ihr Militär-Outfit verfärbt sich rot, und Ihre Knarre streikt, wenn Sie getroffen werden.

Das packendste aller Spiele jedoch ist »Friday night's Zombie Experience«. Mit Laserwaffen ausgerüstet schließen Sie sich einer kleinen Gruppe an, um ein riesiges schwarzes Labyrinth zu erkunden, in dem die lebenden Toten wandeln. Sie werden vorgewarnt, dass die Zombies – eigens angeheuerte Schauspieler – Sie stupsen, schubsen und sogar vollsabbern werden. Die Erfahrung ist dermaßen furchteinflößend, dass Sie zuvor ein Sicherheitswort nennen müssen, falls Sie vor Angst völlig austicken. Reservierung unbedingt empfohlen! Perfekt für Kinder, Kumpels, Partys und Perverse!

Adresse 47–11 Van Dam Street (zwischen 47th und 48th Avenue), Queens, New York 11101, Tel. +1 718.361.9152, www.indoorextremesports.com, info@indoorextremesports.com |
Anfahrt Subway: 33 St-Rawson St (7), Bus: Q32, Q39, Q60, Q67 |
Öffnungszeiten Di–Do 13–23 Uhr, Fr 13–1 Uhr, Sa 10–1 Uhr, So 10–20 Uhr |
Tipp Der »7 subway train« hält in der Nähe ethnisch geprägter Viertel (Sunnyside, Woodside, Jackson Heights, Corona, Flushing), deren Restaurants authentische Genüsse zu moderaten Preisen versprechen.

54 Irish Hunger Memorial
Hunger vergisst nicht

Im Schatten des Freedom Tower, unter den himmelragenden Tempeln des Überflusses, die den *financial district* dominieren, steht ein eindringliches Mahnmal, das einer Million Iren gewidmet ist, die während der »An Gorta Mór« starben, der großen Hungersnot durch Kartoffelmissernten von 1845 bis 1852, und einer weiteren Million, die von den Entbehrungen zur Auswanderung in die USA getrieben wurde. Obwohl das Monument den Opfern der Katastrophe von damals gilt, richtet sich seine Anklage auch gegen Hunger und Vertreibung in der heutigen Welt.

Entworfen hat das öffentliche Kunstwerk der Künstler Brian Tolle. Sie erreichen es auf Straßenhöhe durch einen düsteren Tunnel mit einem Streifenmuster aus Glas und Kilkenny-Kalkstein, in das Zitate über die Schrecken der Unterernährung eingraviert sind. Oberirdisch hören Sie vom Band Stimmen zu melancholischen irischen Weisen über den Hunger wehklagen.

Oben angelangt, finden Sie sich unter freiem Himmel wieder, inmitten zerfallener Ruinen eines Steindorfes, das einst in County Mayo stand. Zahllose vom Hungertod bedrohte Familien in ganz Irland verließen ihre Heimat auf der verzweifelten Suche nach etwas Essbarem. Die Elemente zerstörten die verlassenen strohgedeckten Dächer und Lehmwände und machten die Häuser für einen jeden unbewohnbar, der an Rückkehr denken mochte.

Doch wird es heller, je weiter Sie dem Pfad folgen, der sich durch die Wiesen dieser riesigen Schanze hochwindet, die mit Gräsern, Sträuchern und Blumen der Grünen Insel bepflanzt ist und deren Ende die Flusspromenade überragt. Ganz oben auf der Hügellandschaft sind die Freiheitsstatue und Ellis Island zu sehen – ein Anblick, der den ausgemergelten Neuankömmlingen Hoffnung einflößte, während sie in den Hafen einliefen. Dieses »Stück Heimatscholle« mitten in New York City und die Tragödie, die es bebildert, erinnern uns zeitlos an die Verheerungen des Welthungers und mahnen zu handeln.

Adresse 290 Vesey Street (Ecke North End Avenue), New York 10282, Tel. +1 212.267.9700, www.nycgovparks.org/video/179 | **Anfahrt** Subway: Fulton St (4, 5); Chambers St (1, A, C); Chambers St (2, 3); World Trade Center (E); City Hall (R), Bus: M 9, M 20, M 22 | **Öffnungszeiten** täglich 11.30–18.30 Uhr | **Tipp** Um tiefer in die Einwanderungsgeschichte einzutauchen, nehmen Sie eine Fähre zum »Ellis Island Immigration Museum«. Von dort haben Sie einen spektakulären Blick auf die Skyline. Die Boote legen täglich von 9–17 Uhr am Battery Park ab.

55_Das Jacques Marchais Haus

Shangri-La auf Staten Island

Nur stimmig, dass der Besuch eines Refugiums für tibetische Kunst mit einem Treck beginnt: Nehmen Sie die Fähre, dann den Bus, erklimmen Sie schließlich den steilen Hang. Diesen ländlichen Zufluchtsort nannte man auch schon mal »Shangri-La auf Staten Island«; einen Sherpa jedoch werden Sie nicht benötigen, um es zu erreichen, nur vernünftiges Schuhwerk.

1921 zog Jacques Marchais hierher; die ungewöhnliche Frau mit dem männlichen Vornamen war Schauspielerin, Bilderstürmerin und Buddhistin. Als sich ihre Faszination für Tibet in eine ausgewachsene Leidenschaft verwandelte, machte sie sich auf eine lebenslange Studienreise zu tibetischer Kunst und Kultur.

Manche hielten sie für eine Exzentrikerin, aber ihre Begeisterung war ernsthaft. Obwohl sie das ersehnte Land nie sah, wurde sie zur Expertin, hortete wichtige Forschungsbücher und häufte einige der größten Sammlungen tibetischer Kunst außerhalb Tibets an.

Als das Museum 1947 öffnete, gestaltete Marchais das Gebäude – das größte tibetisch inspirierte Haus der gesamten USA – und das Grundstück nach dem Vorbild eines Klosters im Himalaya: mit einer Halle für feierliche Gesänge, einer Bibliothek, zwei Meditationskammern, Terrassengärten und einem Lotusteich voller Goldfische. Wie von Geisterhand versetzen die Stille und die Sammlung heiliger Gegenstände einen jeden Gast in spirituelle Stimmung. Zwar ist es kein Dharma-Zentrum und auch keine religiöse Institution; 1991 ist jedoch auch der Dalai Lama hier gewesen und hat sich lobend über die besondere Authentizität des Ortes geäußert.

Zwischen den reich verzierten Säulen der Galerie aus Stein stehen reihenweise Bronzestatuen des Buddha und seiner Inkarnationen in allen Farben und Formen. Wenn Sie diesen heiligen Ort wieder verlassen, werden Sie sich fühlen wie neugeboren.

Adresse 338 Lighthouse Avenue (abgehend von der Richmond Road), Staten Island, New York 10306, Tel. +1 718.987.3500, www.tibetanmuseum.org, info@tibetanmusuem.org | **Anfahrt** zur Staten Island Fähre: Subway: South Ferry (1); Bowling Green (4, 5); Whitehall St-South Ferry (R), Bus: M 5, M 15, M 20; von der Anlegestelle auf Staten Island: Bus: S 74 (zur Lighthouse Avenue) | **Öffnungszeiten** Mi – So 13 – 17 Uhr (Winteröffnungszeiten auf telefonische Anfrage) | **Tipp** Das historische Richmond Town, ein lebender Museumskomplex, befindet sich drei Blocks von der Bushaltestelle unten am Lighthouse Hill.

56 _ Jane's Carousel
Überlebenskünstler

Zur Geschichte vom Tellerwäscher zum Millionär hat es zwar nicht gereicht, dafür aber zu jener vom Karussell aus dem Mittleren Westen, das es zum Hingucker am Ufer Brooklyns brachte, ausgestellt in einem transparenten Pavillon des französischen Designers Jean Nouvel. Kunst und Magie verschmelzen, sobald Sie inmitten fröhlichem Kindergeschrei und händchenhaltender Paare eines der 48 angemalten Ponys besteigen. Wie viele New Yorker ist das Schaustellerstück woanders zur Welt gekommen, hierher gezogen und hat nach einer Weile an diesem Ort seine wahre Heimat gefunden. Wie andere nach New York Verschlagene kam es mit faszinierendem Werdegang, besonderem Charakter und jenem undefinierbaren Etwas an, das erfolgreiche Newcomer kennzeichnet.

Seine Geschichte begann 1922, als es für einen Vergnügungspark in Youngstown, Ohio, gebaut wurde. Von Generationen geliebt, war es das erste Karussell, das ins Nationalregister historischer Stätten aufgenommen wurde. Als ein Brand den Park 1984 zerstörte, sollte das beschädigte Gefährt versteigert werden. Die einst prunkvollen Pferdchen und Wagen wären beinahe einzeln verkauft worden, hätten nicht die Künstlerin Jane Walentas und deren Mann Dave das ganze Karussell erworben und nach Brooklyn gebracht.

Über zwei Jahrzehnte lang restaurierte Jane jedes Detail. 2006 wurde es zum ersten Mal seit Ohio wieder zusammengebaut. Während sein zukünftiger Standort fertiggestellt wurde, wartete es vier weitere Jahre lang im Fenster einer Lagerhalle und gestattete Passanten einen Vorab-Blick auf die kommende Attraktion. 2011 schließlich wurde es eröffnet. 2012 überstand es eine weitere Katastrophe: Hurrikan Sandy beschädigte jedoch nur die Elektronik.

Fast scheint es über dem Fluss zu schweben, vor einem herrlichen Panorama-Blick auf die Brooklyn Bridge und die Skyline von Manhattan. Aus dem Migranten mit Jahrmarktshintergrund ist ein wahrer New Yorker geworden.

Adresse Brooklyn Bridge Park, Dock Street, Brooklyn, New York 11201, Tel. +1 718.222.2502, www.janescarousel.com | **Anfahrt** Subway: York St (F); High St (A, C); Bus: B 25, B 67, B 69 | **Öffnungszeiten** Mi–Mo 11–19 Uhr, Di geschlossen, im Winter: Do–So 11–18 Uhr | **Tipp** Die nahe gelegene »Brooklyn Ice Cream Factory« in einer historischen Feuerwache bietet natürlich hergestellte eisige Gaumenfreuden an. Die Kalorien werden Sie bei einem 1,7 Kilometer langen Spaziergang zurück nach Manhattan – auf dem »Brooklyn Bridge pedestrian walkway« – locker wieder los.

57_Jefferson Market Library
Richter und Randale

Wie ein Märchenschloss steht es da – mit seinen Bleiglasfenstern, steilen Dächern, Giebeln und dem Glockenturm. 1877 als Gerichtsgebäude erbaut, galt das schmucke Domizil des Rechts als eines der schönsten Häuser Amerikas. Drinnen jedoch tobte der Boulevard: Die honorigen Säle erlebten klatschpressenreife Verfahren – wie den Prozess gegen Harry Kendall Thaw, der den Architekten Stanford White auf dem Gewissen hatte, ein Mord aus Leidenschaft, den der Roman »Ragtime« unsterblich machte. Auch gegen das »obszöne« Betragen der Leinwandsirene Mae West wurde hier vorgegangen.

Ab 1927 verhandelte man nur noch Frauensachen; 1945 schloss das Gericht ganz. Leer stehend und herrenlos wurde der Komplex zum Abrisskandidaten, doch das Viertel – einschließlich des Dichters E. E. Cummings – setzte sich dafür ein, den Prunkbau zu restaurieren.

1967 wurde aus Justitias verlassenem Palast eine Bibliothek. Das Zivilgericht verwandelte sich in einen Lesesaal; in der heutigen Kinderabteilung wurden einst korrupte Polizisten verknackt. Der Keller mit seinen Ziegelgewölben, in dem Häftlinge der Anklage harrten, beherbergt nun ein Stadtarchiv.

Ursprünglich gehörte auch ein Gefängnis dazu. Der 1929 abgerissene Knast wich einer Besserungsanstalt für Frauen. Während der turbulenten Sixties waren hier Demonstrantinnen gegen den Vietnamkrieg und Politaktivistinnen wie Angela Davis interniert. So laut wütete der Proteststurm der Eingepferchten, so unbändig schmähten und verspotteten die Insassinnen Passanten auf der Straße, dass nicht weniger lautstarke Anwohner sich über Lärmbelästigung beschwerten, bis die Anstalt 1973 ebenfalls vom Stadtplan verschwand. Hier blühen heute Gärten.

Während des Open House NY im Herbst kann man hier die 30 Meter hohe Wendeltreppe des Turms erklimmen und hat einen herrlichen – und stillen – Blick über das historische Greenwich Village. Randale müsste man schon selbst machen. So als Frauensache.

Adresse 425 Avenue of the Americas (zwischen West 9th und 10th Street), New York 10011, Tel. +1 212.243.4334, www.nypl.org | **Anfahrt** Subway: W 4 St (A, B, C, D, E, F, M); Christopher St-Sheridan Sq (1); 14 St (1, 2, 3, F, M, L); 8 St-NYU (N, R), Bus: M 1, M 2, M 3, M 5, M 7, M 8, M 14, M 20 | **Öffnungszeiten** Mo und Mi 10–20 Uhr, Di und Do 11–18 Uhr, Fr und Sa 10–17 Uhr, So geschlossen | **Tipp** Ein schlichtes Haus mit dunkler Vergangenheit (14 West 10th Street) – liebevoll »House of Death« genannt – soll von gleich 22 Geistern bespukt werden, dem von Ex-Bewohner Mark Twain inklusive.

58 Katharine Hepburn Garden

Garten einer Unbequemen

So versteckt liegt er an der hektischen Kreuzung von Second Avenue und East 49th Street, dass man ihn beinahe übersieht: ein Garten als Hommage an eine Legende: Filmschauspielerin Katharine Hepburn. Öffnen Sie das kleine Eisentor, und folgen Sie dem Pfad, der sich durch Hornsträucher, chinesische Sequoien und Birken windet, an Hasel, Hortensie, Rhododendron, Berglorbeer und Farnen vorbei: ein frisches sattgrünes Stück Wald und pure Erholung für das gestresste Großstädterauge. Der Weg besteht aus Granitplatten; in manche sind witzige Sprüche und provokante Aphorismen eingraviert, die Hepburn zugeschrieben werden. Etwa: »Wenn du nur das tust, was dich interessiert, hat wenigstens einer Spaß.« Oder: »Wenn du lang genug überlebst, wirst du automatisch verehrt – wie ein altes Haus.«

Hier haben Sie die Singvögel im Ohr, begegnen Steinfiguren, die Schildkröten und Hirsche darstellen, und fühlen sich versucht, eine Weile auf der Holzbank tagzuträumen. Selbst die Bronzeplaketten an der Südwand – mit Szenen aus Hepburns berühmtesten Filmen – sind so angebracht, dass die Bilder auf sehr subtile Weise in den Fokus geraten und wieder daraus verschwinden, je nach Ihrem Standort.

Bekanntlich war Katharine Hepburn ein Original – eine unabhängige, willensstarke Frau, die sich üblichen Rollenstereotypen und anderen rigiden Konventionen beharrlich widersetzte. Von ihrer Familie in Connecticut zog sie 1932, während sie am Broadway auf der Bühne stand, zur Manhattans Turtle Bay und blieb dort bis zu ihrem Tod 60 Jahre später. An ihrem 90. Geburtstag 1997 quittierte sie es mit einem Lächeln, als die Stadt New York und das Viertel diesen Minigarten Eden ihr widmeten.

Nachbarn kannten sie als faszinierende Persönlichkeit, die eher zufällig auch Filmstar war, als lautstarke Aktivistin für die Erhaltung der idyllischen Wohnenklave – und als leidenschaftliche Gärtnerin.

Adresse Dag Hammarskjold Plaza, East 47th Street (Ecke First Avenue), New York 10017 | **Anfahrt** Subway: Grand Central-42 St (4, 5, 6, 7), Bus: M 15, M 42, M 50, M 101, M 102, M 103 | **Öffnungszeiten** rund um die Uhr geöffnet, empfohlen wird die Besichtigung bei Tageslicht | **Tipp** Sehen Sie sich Hepburns Haus in der 244 East 49th Street an. Die Kreuzung an der Second Avenue ist nach ihr benannt: Katharine Hepburn Place.

59 Kunst in der Subway
Life Underground

Verstopften Straßen während der Rushhour entkommen New Yorker bevorzugt, indem sie sich in die Subway quetschen; zahllose Touristen beobachtet man beim Studium der Fahrpläne. Auch bei ihnen hat sich herumgesprochen: So kommt man hier am besten von A nach B. Weniger bekannt: Indem Sie Ihre MetroCard zücken, erhalten Sie auch Zutritt zu einer gigantischen Galerie der bildenden Künste.

In den 1980er Jahren ist in diesem Tunnelsystem eine der größten öffentlichen Installationen der Welt entstanden. Die meisten Teile bestehen aus langlebigen Materialien – Glas, Terrakotta, Mosaik, Bronze. Über 300 Einzelarbeiten aus den Bereichen Musik, Digital Art und Fotografie zieren Haltestellen.

Gehetzte Fahrgäste würdigen die urbane Werkschau oft kaum eines Blickes, es ist jedoch schier unmöglich, Tom Otterness' »Life Underground« zu übersehen, schräge Bronzeskulpturen, die Bahnsteige und Treppen der Haltestelle 14th Street-Eighth Avenue bevölkern. Die cartoonhaften Figuren ergehen sich in stummem Spott über das fahrende Volk, spiegeln Gier, Macht- und Statusgehabe. (»Hey, guckt euch nur diesen Winzling auf der Bank da an, der sich an seinen präpotenten Riesengeldbeutel klammert!«)

Die mittlere Ebene von NYCs belebtester Station schmückt Roy Lichtensteins »Times Square Mural«, ein Wandbild des Pop-Art-Meisters von 16 Metern Länge. Weitere Highlights: Faith Ringgolds »Flying Home Harlem Heroes and Heroines« (125th Street, Manhattan); Kristin Jones'/Andrew Ginzels »Oculus« (Chambers Street, Manhattan); Ik-Joong Kangs »Happy World« (Flushing-Main Street, Queens); Robert Wilsons »My Coney Island Baby« (Stillwell Avenue, Brooklyn); Romare Beardens »City of Light« (Westchester Square, Bronx). Besonders frappant: Bill Brands »Masstransiscope«, das zwischen De Kalb und Myrtle Avenue in Brooklyn nach Art des Daumenkinos über eine lange Strecke animiert aufscheint. Da meint man glatt, es flögen Raketen und Untertassen am Fensterplatz vorbei!

Adresse a) Times Square Station, 42 Street and Broadway, New York 10036, b) 14 Street/8th Avenue Station, New York 10011. Weitere Orte finden Sie unter: www.nycsubway.org/perl/artwork | **Öffnungszeiten** Die meisten Subway-Stationen sind rund um die Uhr geöffnet, wählen Sie die 511 für weitere Informationen. | **Tipp** Der »Transit Museum Shop« in Grand Central Terminal (42nd Street und Vanderbilt Avenue) verkauft Poster und Souvenirs mit Subway-Motiven.

60 Das Kunsthaus
Künstler mit Farbe

Direkt an Harlems Hauptverkehrsader, der vor Geschäftigkeit berstenden Shopping- und Entertainment-Meile 125th Street, liegt auf drei Stockwerken ein helles, lichtdurchflutetes Museum für zeitgenössische Kunst, das seine geballten Energien aus der Umgebung zieht, während die Ruhe hier drinnen Sie vom Lärm der Welt abschottet.

Ausgestellt werden sowohl etablierte wie noch unbekannte afroamerikanische Künstler des 19. Jahrhunderts bis heute; die ständige Sammlung sowie Wechselausstellungen präsentieren eine vielgestaltige Mischung aus Gemälden, Fotografien, Skulpturen, Textilkunst, Masken und Medien. Arbeiten von Romare Bearden und Jacob Lawrence interagieren kreativ mit Carrie Mae Weems' Fotografien oder mit Installationen von neuen Szeneköpfen, die sich jeder Kategorisierung entziehen. Kontraste und Gleichklänge erzeugen eine enorme Echowirkung.

Zunächst sieht alles einfach nur schön aus. Schauen Sie jedoch genauer hin, entfalten sich kraftvolle Darstellungen aus dem Leben schwarzer Amerikaner. Sie entdecken Werke, die künstliche Barrieren zwischen Rassen, Hautfarben und Geschlechtern bloßstellen und schließlich niederreißen. Andere Exponate porträtieren Historisches oder leisten ihren Beitrag zu aktuell heißen Debatten.

Die Macht der Kunst, zu verwandeln, steht im Zentrum der Museumsphilosophie. 1968 gegründet, war das Studio Museum die erste Institution der USA, die sich ausschließlich Künstlern afrikanischer Abstammung widmete. Der Gründertraum, diese kulturelle Erfahrung dem allgemeinen Publikum zugänglich zu machen, erfüllte sich 1977, als die Galerie aus einer Mietwohnung an ihren heutigen Standort zog.

Seit über 40 Jahren stellt das Hauskünstler-Programm Nachwuchstalenten Atelierraum bereit; Bildungsprogramme für Schulkinder und Lehrer, Vorträge, Diskussionen und Darbietungen versorgen das Kunstleben Harlems ebenso mit frischer Inspiration wie Besucher aus aller Welt.

Adresse 144 West 125th Street (zwischen Malcolm X und Adam Clayton Powell Jr. Boulevard), New York 10027, Tel. +1 212.864.4500, www.studiomuseum.org, info@studiomuseum.org | **Anfahrt** Subway: 125 St (A, B, C, D, 2, 3, 4, 5, 6), Bus: M 1, M 2, M 3, M 7, M 10, M 60, M 100, M 101, M 102 | **Öffnungszeiten** Do – Fr 12 – 21 Uhr, Sa 10 – 18 Uhr, So 12 – 18 Uhr | **Tipp** »Blackened catfish« (geschwärzter Wels) ist der rußige Renner in Starkoch Marcus Samuelssons »Red Rooster Harlem« am Malcolm X Boulevard.

61 Library Way
Geistesblitze to go

Unter der Schuhsohle lauert nichts Gutes. Daher macht es ja auch so viel Sinn, Missgeschicken auszuweichen, während man zu Fuß unterwegs ist. Auf unebenem Pflaster könnte man sich einen Zeh stoßen oder im Matsch die Lieblingsschuhe ruinieren. In Wohngebieten drohen gar die Hinterlassenschaften der Vierbeiner.

Gut zu wissen, dass es auch einen Ort in New York City gibt, an dem man unbesorgt auftreten kann: Library Way. Über zwei Blocks der East 41st Street hinweg, zwischen Park und Fifth Avenue, strotzen 96 Bronzeplaketten vor Weisheit. Jede von ihnen möchte Gedankenlose von allzu flüchtigen Schritten abhalten und konfrontiert Schnellgeister mit Zitaten literarischer Größen, Wissenschaftler und Philosophen, von zierenden Darstellungen ergänzt.

Die Bildungsmaßnahme to go soll Fußgänger auf das Hauptgebäude der »New York Public Library« einstimmen, eine Ikone der Gelehrsamkeit. In den späten 1990er Jahren wählte ein Komitee aus Intellektuellen – darunter die Herausgeber des »The New Yorker« – kluge Sprüche aus, die den Einfluss kreativer Geister auf die Gesellschaft auch auf der Straße spiegeln sollten. Man beauftragte den Künstler Gregg LeFevre, die Idee umzusetzen und die Tafeln zu entwerfen.

Wochentags verschattet der Strom der Passanten die Geistesblitze; die volle Pracht dieses Runway des Tiefsinns entfaltet sich am erhabensten sonntags, wenn die Straßen Midtowns weniger belebt sind. Legen Sie also an der Park Avenue in westlicher Richtung los, immer auf die Bibliothek zu. Die weisen Worte der hier verewigten 45 Köpfe (11 Frauen, 34 Männer) entfalten ihren Reichtum direkt zu Ihren Füßen: »Das Wahre existiert. Nur das Falsche muss erfunden werden.« (Georges Braque); »Das Lesen von guten Büchern ist wie eine Unterhaltung mit den besten Menschen vergangener Jahrhunderte.« (René Descartes); »Bemerkungen sind keine Literatur.« (Gertrude Stein).

An dieser Stelle genug gesagt.

Adresse East 41st Street (zwischen Park und Fifth Avenue, New York 10017 | **Anfahrt** Subway: 42 St-Bryant Park (B, D, F, M); 5 Av (7); Grand Central-42 St (S, 4, 5, 6, 7), Bus: M 1, M 2, M 3, M 4, M 5, M 7, M 42, M 101, M 102, M 103 | **Tipp** Stöbern Sie durch drei Etagen internationaler Literatur, Fachzeitschriften und einer riesigen Sammlung von Manga und Anime bei »Kinokuniya« (1073 Avenue of the Americas).

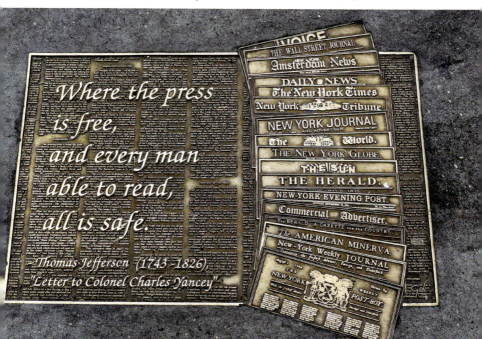

62 Die Lobby bei Chrysler
Zahnrad, Zeitgeist, Zieremblem

Einer der Sterne am Nachthimmel Manhattans ist das nach Sonnenuntergang hell illuminierte Chrysler Building; poetisch Veranlagte mag es an eine funkelnde Tiara erinnern. Die Erklärung ist profaner: Viele seiner Außendetails sind von Chryslers Automobilen der 1920er Jahre inspiriert, gemahnen an ornamental überhöhte Kühler, Radnaben oder Motorhauben; in anderen erblickt man Adler, Sonnenmonstranzen oder Wasserspeier. Die Krönung all dieser Pracht jedoch (die Tiara gewissermaßen) findet sich nicht in luftigen Höhen, sondern zu ebener Erde innerhalb der dreieckig gestalteten Lobby: ein Art-déco-Palast, der in New York seinesgleichen sucht. Noch immer pulsiert hier der Zeitgeist jener Epoche – eine der rasanten Industrialisierung, neuer Technologien und des noch ungebrochenen Glaubens an sozialen Fortschritt.

Edward Turnbulls monumentales Wandgemälde an der Decke der Lobby, eines der größten weltweit, ist eine Verrenkung wert. Wer aufschaut, erblickt Flugzeuge, Züge, Ozeandampfer, Maschinen und Arbeiter, deren Gesichter allerdings den Bauherren der Skyline-Ikone entliehen sind.

Das Innere der Eingangshalle glänzt durch eine Symphonie aus Farbwirbeln, geometrischen Formen, schimmernden Oberflächen und exotischen Materialien: Wände und Böden aus rotem, gelbem und blauem Marmor, Einfassungen aus Bernstein und Onyx. Kühle Chromakzente und die kraftvolle Bildsprache des Maschinenzeitalters überwältigen die Sinne. Auch die Türen der 32 Aufzüge sind rare Meisterstücke: Intarsien aus seltenen Edelhölzern bilden Lotosblumen.

Als das Gebäude 1930 öffnete, war es ein paar Monate lang das höchste der Welt; dann übernahm das Empire State Building den Rekord. Chryslers ästhetische Ambition, die soziale Botschaft und der Packen-wir's-an-Heroismus jedoch bringen auch heute noch jeden Besucher dazu, mit verklärtem Blick die Ärmel ein wenig höher zu schieben, als ginge gleich etwas Bedeutsames los.

Adresse 405 Lexington Avenue (Ecke 42nd Street), New York 10174 | **Anfahrt** Subway: Grand Central-42 St (4, 5, 6, 7, S), Bus: M 1, M 2, M 3, M 4, M 42, M 101, M 102, M 103 | **Öffnungszeiten** Mo–Fr 8–18 Uhr | **Tipp** Einen atemberaubenden Blick auf das Chrysler Building samt namensgebendem Cocktail hat man bei »Upstairs«, der Dachlounge des Kimberly Hotels (145 East 50th Street).

63 Das Louis Armstrong Haus

Home Sweet Home

Kein Geringerer als der legendäre Jazztrompeter, Komponist und Sänger Louis Armstrong, dessen breites Lächeln ihm den Spitznamen Satchmo – »Taschenmaul« – einbrachte, wohnte von 1943 bis zu seinem Tod 1971 hier. Er hätte in einer Villa residieren können, zog jedoch ein Backsteinhaus in Corona, Queens, vor, wo die kleinen Leute lebten. Das bescheidene Gebäude gewährt Einblicke in das Privatleben eines ebenso bescheidenen Weltstars.

Im Cotton Club, einem Nachtclub, der das rassistische Klischee vom »wilden Negersklaven« bediente, lernte Armstrong einst seine vierte Frau Lucille kennen, die einzige Tänzerin, deren Teint dunkler war als eine braune Papiertüte – bei dort auftretenden Künstlern eigentlich unerwünscht. Da Louis zehn Monate im Jahr tourte, dachte sich Lucille, er brauche einen Ort, den er sein Zuhause nennen könne.

Die Guided Tour bietet viel für Augen und Ohren: Andenken und Geschenke von Königshäusern und Staatsoberhäuptern schmücken das Wohnzimmer, und obwohl das verspiegelte Marmorbad es bis ins »Time Magazine« geschafft hatte und »Pops« auch mit der Küche in blauem Emaille ein absolutes Schmuckstück sein Eigen nannte, mochte er sein Privatzimmer im Obergeschoss am liebsten. Dort unterhielt er sich mit Freunden, beantwortete Fanpost und zeichnete für die Nachwelt Musik und Gespräche auf Band auf. Schnipsel daraus sind in jedem Raum zu hören. Auf dem Balkon pflegte er in seine Trompete zu stoßen, damit die Nachbarn wussten, dass er wieder daheim war.

Ein umfassendes Archiv mit Dokumenten, Fotos und Aufnahmen, die derzeit im Queens College aufbewahrt werden, soll 2017 ins neu gebaute Besucherzentrum gegenüber ziehen. Jetzt schon finden in Satchmos Haus das ganze Jahr über Jazznachmittage, Soireen und Bildungsprogramme statt: Louis Armstrongs Erbe ist nicht nur Legende, sondern auch Zukunftsmusik.

Adresse 34–56 107th Street (zwischen 34th und 37th Avenue), Corona, New York 11368, Tel. +1 718.478.8274, www.louisarmstronghouse.org, info@louisarmstronghouse.org |
Anfahrt Subway: 103 St-Corona Plaza (7), Bus: Q19, Q23, Q48, Q66 |
Öffnungszeiten Di–Fr 10–17 Uhr, Sa–So 12–17 Uhr | **Tipp** Schlecken Sie sich bei »Lemon Ice King of Corona« vorbei. Der Salon mit dem italienischen Eis in unwiderstehlichen Geschmacksrichtungen ist seit über 70 Jahren ein Lieblingsladen des Viertels.

64 Die Lounge des Algonquin

Der Teufelskreis

Der Ort der Wahl für ein gepflegtes Rendezvous in Midtown: die Lobby des Algonquin Hotels. Was immer die Stunde, das Licht ist gedämpft, und es ist Cocktail Time. Trotz seiner Großzügigkeit lädt der Raum mit seinen Polstermöbeln und weichem Licht zu einer behaglichen, ja intimen Unterhaltung ein. Unter Palmen in Töpfen und hohen Mahagoni-Säulen empfehlen sich verschwiegene Winkel für diskrete Tête-à-Têtes.

Für Unterhaltungen ist das Algonquin auch am berühmtesten. In den 1920er Jahren traf sich hier fast ein ganzes Jahrzehnt lang eine berüchtigte Gruppe von scharfzüngigen Journalisten und Theaterleuten täglich zum Lunch, um Ideen, Geistreicheleien und Klatsch auszutauschen und sich dabei gegenseitig zu übertrumpfen. Sie nannten sich Vicious Circle, den Teufelskreis. Als jedoch ein Cartoonist des »Brooklyn Eagle« den Kreis in Ritterrüstungen karikierte und ihn in die »Tafelrunde« umbenannte, blieb der Begriff haften. Diese Gesellschaft zwecks gegenseitiger Bewunderung setzte sich aus der Crème von New Yorks Literaten zusammen: Kritiker, Kolumnisten, Dramatiker und andere Autoren, deren Namensliste Größen wie Dorothy Parker, Robert Benchley, George S. Kaufman, Alexander Woollcott oder Harold Ross, Gründer des Magazins »The New Yorker«, umfasste. Ein Wandgemälde in der Lobby hält die wachen Geister des Zirkels lebendig.

Obwohl seit der Eröffnung 1902 viel erneuert worden ist, hat sich der Charakter der Lounge erhalten. WLAN überall sichert das Lob der Blogger und Tweeter, der neuen Spezialisten für geistreichen Klatsch. Nur Schritte vom Broadway Theatre entfernt gelegen, ist dies der perfekte Ort, um sich vor einer Vorstellung zu treffen oder danach einen Absacker zu trinken. Probieren Sie den Algonquin Cocktail, und bestellen Sie einen Dorothy Parker Mini-Burger – darüber würde sie sich böse amüsieren.

Adresse 59 West 44th Street (Nähe Sixth Avenue), New York 10036, Tel. +1 212.840.6800, www.algonquinhotel.com | **Anfahrt** Subway: 42 St-Bryant Pk (B, D, F, M); Grand Central-42 St (4, 5, 6, S); Times Sq-42 St (1, 2, 3, N, Q, R), Bus: M 1, M 2, M 3, M 4, M 5, M 7, M 20, M 42 | **Tipp** Im nahe gelegenen TKTS Booth am Times Square gibt es 50 Prozent Nachlass auf Karten für viele Shows.

65 Der Mahayana Buddha
Vom Sexkino zum Glückskeks

Inmitten eines ehemaligen Sexkinos am Fuß der Manhattan Bridge sitzt majestätisch der größte Buddha New Yorks. Der älteste chinesische Tempel an der Ostküste wurde 1962 von Annie Ying in der Mott Street gegründet. Ursprünglich diente er als soziales Zentrum für Chinesen, die es in die USA verschlagen hatte, um hier Geld zu verdienen und schließlich wieder zu ihren Familien in die Heimat zurückzukehren. Als die heilige Stätte 1966 zur Canal Street umzog, wurde sie zum größten buddhistischen Tempel der Stadt.

Zwei respektgebietende goldene Löwen bewachen die leuchtend roten Tore und wehren böse Geister ab. Alle anderen sind willkommen. Hinter dem Eingang liegen in einer Truhe Schätze und Herrlichkeiten zum Verkauf – Teekannen, Mala-Armbänder, Mini-Buddhas. Weiter drinnen steht eine Statue der Guanyin, der weiblichen Bodhisattva des Mitgefühls. Für eine Spende von einem Dollar dürfen Sie sich aus einer Schale einen Glückskeks nehmen; für einen weiteren gibt es ein Räucherstäbchen. Sobald Sie Ihr Schicksal auf dem Röllchen abgelesen und ein leises Gebet gesprochen haben, folgen Sie dem Pfad zur Hauptkammer – ein ehrfurchtgebietender Anblick. Am Kopf dessen, was an einen riesigen Bankettsaal erinnert, sitzt ein knapp fünf Meter hoher goldener Buddha, den ein neonblauer Glorienschein von hinten erhellt.

Auf einem überdimensionierten Lotusblatt schwebend, scheint er vor Farbe und Licht zu pulsieren. Trotz seiner Umgebung – buntes Zierwerk, Frucht- und Blumengaben – ist es allein der Buddha, der Ihre Aufmerksamkeit auf sich zieht. Hier, an einer der verkehrsreichsten Straßen Chinatowns, finden Sie ein Refugium der Ruhe und Kontemplation. Ob Sie nun meditieren oder sich die Zeichnungen ansehen, die das Leben des Buddha darstellen, Sie werden unter seinem sanftmütigen Blick eine einzigartige und inspirierende Erfahrung machen: besser als jeder profane Trubel – und besser als jedes Kino.

Adresse 133 Canal Street (zwischen Bowery und Chrystie Street), New York 10002, Tel. +1 212.925.8787, http://en.mahayana.us, mahayana@mahayana.us | **Anfahrt** Subway: Grand St (B, D); Canal St (J, N, Q, R, Z, 6); East Broadway (F), Bus: M 9, M 15, M 22, M 103 | **Öffnungszeiten** täglich 8.30–18 Uhr | **Tipp** Diamanten, Jade und hochkarätiges Gold lassen die Schaufenster des »Schmuckdistrikts« in Chinatown – an der Kreuzung von Bowery und Canal Street gelegen – zu wahren Erleuchtungen werden.

66 Manhattan Night Court
Crime Time

Gleich zwei beliebte TV-Shows, »Night Court« und »Law and Order«, haben eine Dauertragödie des richtigen Lebens inspiriert, die sich jeden Abend in Manhattan abspielt. Neugierige Besucher – Nachtschwärmer auf der Jagd nach anrüchigem Spaß, Studenten, Journalisten, Touristen – erwarten nicht von ungefähr beste Unterhaltung. An einem guten Abend geht es hier saukomisch bis melodramatisch zu; manchmal gar tragen die Verhafteten weltberühmte Namen.

Das Gesetz sieht es vor, dass jeder, der im Bundesstaat New York festgenommen wird, vor ein Gericht gestellt wird, um zu ermitteln, ob er wegen einer kriminellen Handlung belangt werden muss. Der erste Schritt ist die Anklageverlesung, sie findet täglich und öffentlich im Manhattan Criminal Courts Building statt. Das Night Court tagt zwischen 17 und 1 Uhr nachts; diese Tradition gibt es seit 1907, als sich abzuzeichnen begann, dass Tagessitzungen nicht mehr ausreichten.

Vorher weiß der gepflegte Voyeur nie, was an speziell diesem Abend passieren wird. Jeden Tag werden Hunderte Verdächtige vernommen; die Delikte reichen vom Klau eines Sixpacks bis zu Mord. Der Beschuldigte und sein Verteidiger stehen vor dem Richter, während der Bezirksstaatsanwalt die Anklagepunkte verliest. Der Angeklagte bekennt sich schuldig, nicht schuldig oder verweigert die Aussage, woraufhin der Richter entscheidet. In leichten Fällen kommt der Missetäter mit einer Geldstrafe davon, bei schwerwiegenden Verbrechen geht es um die Frage, ob Kaution gewährt wird oder der Beschuldigte bis zum Prozess in Gewahrsam genommen werden muss.

Ein Metalldetektor am Gerichtseingang und eine Sicherheitswache werden Ihre Tasche durchsuchen. Sagen Sie, wohin Sie möchten, und Sie werden zu den beiden aktiven Gerichten geleitet. Suchen Sie sich das lebhaftere aus, nehmen Sie Platz – und vergessen Sie nicht, anschließend mit Hochgenuss hinzugehen, wo immer Sie hingehen möchten.

Adresse 100 Centre Street (zwischen Hogan Place und White Street), New York 10013 | **Anfahrt** Subway: Brooklyn Bridge-City Hall (4, 5, 6); Canal St (J, N, Q, R, 6), Bus: M 5, M 9, M 15, M 22, M 103 | **Öffnungszeiten** täglich 17–1 Uhr (auch an Wochenenden und in den Ferien) | **Tipp** Zur Stärkung: Besonders köstliche Krabbensuppenklöße – die Suppe befindet sich dabei in den Klößen – gibt es bei »Joe's Shanghai« ganz in der Nähe in der Pell Street.

67 __ Marjorie Eliot's Salon
Love and All That Jazz

Sie begrüßt Sie mit einem Lächeln, das sich anfühlt wie eine Umarmung. Mit ihrer Aureole aus krausem Haar und ihrem fließenden Kaftan ist sie genau jene wunderbar coole Tante, die Sie immer gern gehabt hätten. Jeden Sonntagnachmittag lädt Miss Marjorie Eliot Wildfremde ein, in ihrer Wohnung vorbeizuschauen, um dort unvergleichlichen Live-Jazz zu erleben. Das wöchentliche Ritual begründete sie 1992 als Hommage an ihren verstorbenen Sohn –, und der Eintritt ist noch immer frei! Etwa 50 Klappstühle mit Sitzkissen stehen in der Diele, der Küche und dem Wohnzimmer. Spitzengardinchen filtern das Sonnenlicht, ein zarter Blumenduft (ihr Kölnischwasser?) erfüllt die Luft, und selbst wenn Sie hier keine Menschenseele kennen, entspannen Sie sofort.

Es ist schwer, nur mit Worten wiederzugeben, was passiert, wenn die Musik einsetzt. Marjorie und Sohn Rudel Drears wechseln sich am Klavier ab (er singt auch), und gemeinsam mit einer wechselnden Besetzung aus Trompeten, Flöten, Klarinetten und Bässen legen sie eine phänomenale Session hin. Sowohl legendäre Jazzgrößen als auch neue Sterne am Himmel der Synkopen beteiligen sich hier, experimentieren mit bis dato ungehörten Riffs zu Klassikern oder improvisieren völlig frei. Geradezu vernarrt sind die Musiker in diese Privatjams vor intimem Publikum, das seine Begeisterung mit donnerndem Applaus zurückgibt, ganz besonders für die verehrte Gastgeberin. Während deren bescheidene Erfrischungen und Snacks Sie eher zum Lächeln bringen, ist die Magie der Musik das wahre Soul Food.

Basie, Sänger und Schauspieler Robeson, Sängerin Lena Horne und Boxer Joe Louis bewohnten einst dieses imposante Jugendstilhaus – innerhalb einer legendären Enklave der schwarzen Elite Harlems, deren Ursprünge in die 1940er Jahre zurückreichen.

Ob Sie nun aus Bombay, aus Bonn oder aus Brooklyn zum ersten Mal herfinden: Sie werden zu dem Ort zurückkehren, an dem Musik spielt.

Adresse 555 Edgecombe Avenue (Ecke West 160th Street), Studio 3F, New York 10032, Tel. +1 212.781.6595 **Anfahrt** Subway: 163 St-Amsterdam Av (C), Bus: M 2, M 3, M 4, M 5, M 100, M 101 | **Öffnungszeiten** So 15.30–17.30 Uhr | **Tipp** In der 409 Edgecombe Avenue lebten einst W.E.B. DuBois, eine überlebensgroße Gestalt im Kampf um soziale Gerechtigkeit, und Thurgood Marshall, erster afroamerikanischer Richter am Obersten Gerichtshof der USA.

68 Merchant's House Museum

Spuk mit Stil

Kaum haben Sie die säulenflankierte Tür des imposanten Stadthauses geöffnet, schon sind Sie mittendrin – im 19. Jahrhundert. Als hätte sich Kaufmann Seabury Tredwell nur zu einem Spaziergang mit seiner Frau und den acht Kindern verabschiedet. Während Sie auf seine Rückkehr warten, schauen Sie sich doch schon einmal um: Im Doppel-Salon mit Bronze, Lüstern und Kaminverkleidungen aus schwarzgoldenem Marmor wetteifert das elegante Interieur um die Gunst des Auges, darunter ein seltenes Klavier, Gemälde, Spiegel in opulenten Zierrahmen, Kerzenleuchter und Karaffen aus Kristallglas.

Treppab geht es zur guten Stube und zur ebenso guten Küche – samt Öfen, Herd, Geschirrschrank, Spüle und Schneidetisch. Im Obergeschoss liegen ein Arbeitszimmer mit Prunkerker und angrenzende Schlafgemächer mit damast- und samtverhängten Himmelbetten. Ganz oben befinden sich Speicher und Gesinderäume.

Der Eisenwarenhändler Seabury Tredwell kaufte das Haus 1835, als dies Manhattans angesagtestes Viertel war. Nahezu ein ganzes Jahrhundert lang lebte seine Familie hier; Tochter Gertrude, Jahrgang 1840, war die Letzte. Von den 1870er Jahren bis zu ihrem Tod 1933 ließ sie nur zwei Neuerungen anbringen: Elektrizität und eine Innentoilette. Selten ging sie nach draußen; über die Jahre verkam das einst schicke Anwesen zu einer schäbigen Absteige, die von zweifelhaften Gestalten frequentiert wurde. Nach dem Tod Gertrudes rettete ein Cousin das Familienhaus vor der Abrissbirne, veranlasste Reparaturen und eröffnete es als Museum neu.

Heute ist die Gegend wieder so hip wie damals. Zwischen In-Boutiquen und teuren Cafés steht das Merchant's House wie aus der Zeit gefallen. Hier finden Rundgänge, Konzerte und das berüchtigte Halloweenfest statt, bei dem sich zuweilen einige der Tredwell-Kinder blicken lassen sollen …

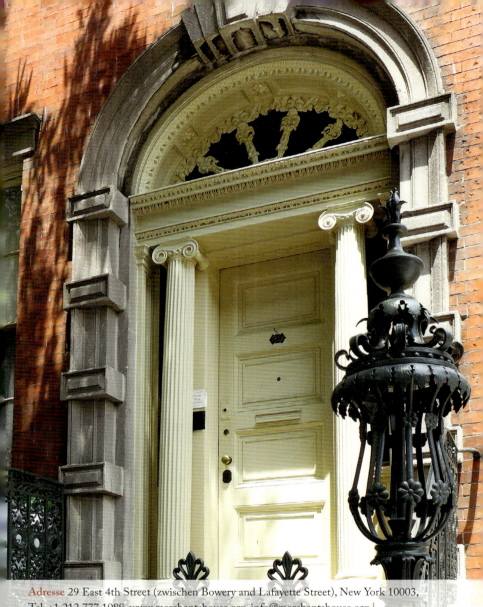

Adresse 29 East 4th Street (zwischen Bowery and Lafayette Street), New York 10003, Tel. +1 212.777.1089, www.merchantshouse.org, info@merchantshouse.org | **Anfahrt** Subway: 8 St-NYU (N, R); Bleecker St (6); Broadway-Lafayette St (B, D, F, M); Bus: M 1, M 2, M 3, M 5, M 8, M 15, M 101, M 102, M 103 | **Öffnungszeiten** Do–Mo 12–17 Uhr | **Tipp** »McSorley's«, NYCs ältester irischer Pub, liegt an der East 7th Street. Obwohl er 1854 eröffnet wurde, durften Frauen bis 1970 nicht hier hinein.

69 __ Der Mikrokosmos
Plastiklöffel bis Pornokönig

Was haben ein Herrenschuh, gefälschte Ausweise verschiedener Länder, eine Tüte Gummiwürmer und eine Videokassette von Al Goldstein, dem Pornokönig der 1960er Jahre, gemein? Sie kommen nicht drauf? Antwort: Alle diese schrägen, aber sinnträchtigen Relikte vergangener Jahrzehnte sind äußerst liebevoll auf Regalen arrangiert, die wiederum die Wände eines defekten Tribeca-Frachtaufzugs säumen. Willkommen im »Mmuseumm«, einem Ausstellungsort in Briefmarkenformat, der sich als »kleinstes Naturkundemuseum der Welt« versteht.

Seine Kuratoren sammeln Fundobjekte aus aller Welt, viele von internationalen ›Sammlern‹ gestiftet, um Besuchern »den Nachweis unserer Existenz« näherzubringen. Dabei erzählt jedes Einzelstück eine Geschichte über das Leben im Weltalltag, die exponentiell über den Gegenstand selbst hinausweist.

Bei dem Schuh etwa handelt es sich um exakt denjenigen, der 2008 von einem Bagdader Demonstranten nach George W. Bush geworfen wurde. Das politische Wurfgeschoss teilt sich ein Regal mit 200 zerquetschten Mücken aus New Delhi, die ein Mann über drei Monate hinweg in flagranti erschlug. Daneben: eine Sammlung unterschiedlicher Mooskissen, zusammengetragen von der New Yorker Künstlerin Maira Kalman. Manche Exponate sind bizarr in Potenz – gerade wegen ihrer Gewöhnlichkeit. Wo sonst bekäme man Puppen mit Down-Syndrom, Peepshowmünzen, Armbanduhren mit Saddam Husseins Konterfei, Fake-Eddings, vielsprachige Zahnpastatuben und aufblasbares Spielzeug zu Gesicht, das von der saudischen Regierung zensiert wurde?

Nicht mehr als drei Besucher auf einmal passen in dieses Minikabinett hinein; seine Eindrücke mit den jeweils anderen beiden zu teilen erhöht den Spaß. Die Kuratoren nehmen auch gern Naturalienspenden entgegen; fühlen Sie sich also frei, Flugzeugseifen, Schulhefte oder gebrauchte Mottenfallen loszuwerden: Sie könnten der nächste Künstler sein, der hier ausgestellt wird.

Adresse 4 Cortlandt Alley (zwischen Franklin und White Street), New York 10013, www.Mmuseumm.ccm, info@Mmuseumm.com | **Anfahrt** Subway: Franklin St (1, 2); Canal St (A, C, E, J, N, Q, R, Z, 6); City Hall (4, 5, 6), Bus: M 5, M 9, M 20, M 22, M 103 | **Öffnungszeiten** Frühlingsanfang bis Ende Herbst (besuchen Sie die Webseite), Sa–So 12–18 Uhr | **Tipp** Der Weekend-Brunch bei »Bubby's« (120 Hudson Street) ist berühmt für seinen hausgeräucherten Schinken und für die nach Saison wechselnde Auswahl hausgemachter Pies.

70 Modern Pinball
Zum Ausflippern

Total out? Falsch. Der Flipperautomat ist zurück. Es bimmelt, blinkt, Stahlkugeln rollen. Entlang den Wänden reiht sich ein Automat an den nächsten. »Wie eine Achterbahnfahrt unter Glas!«, schwärmen die Besitzer. Wall-Street-Typen, Hipster, Familienväter, Kinder und sogar ernsthafte Pinball-Sportler nehmen hier 30 der großartigsten Flipperspiele in Angriff, die je erfunden worden sind. Unter den Stars: KISS, Addams Family, Simpsons, Metallica und Star Trek. Alles ist einzigartig, interaktiv, praktisch, haptisch, voller Geräusche, Lichter, faszinierend komplexer Mechanik und wilder Grafiken –, und nichts wiederholt sich jemals.

Weniger fröhlich waren die Anfänge: 1942 verbot Bürgermeister Fiorello LaGuardia das Flippern; er sah Verführer der Jugend am Werk, eine Art Glücksspiel, das den Nachwuchs um sein Taschengeld brachte. 1976 wiesen Befürworter nach, dass in Wahrheit nur Geschicklichkeit punktete, nicht der Zufall; das Verbot wurde wieder aufgehoben.

Als führendes Mitglied des Weltverbandes sorgt man hier stets für spannende Neuerungen. So kann man die Maschinen auch ohne Münzeinwurf nach Herzenslust durchrütteln, dafür nach Zeit bezahlen, pro Stunde oder auf Tageskarte. Strategietipps gibt es vom Personal; auch Kurse beim Profi kann man buchen.

Einer der Automaten gefällt Ihnen? Zu haben! Die Preise reichen von bezahlbar bis zu einem kleinen Vermögen. Drinks oder Snacks werden hier nicht angeboten, aber mit dem Identifikationsband am Handgelenk können Sie sich frei bewegen; Trägern gewährt der Pub gegenüber zehn Prozent Nachlass auf die Zeche.

Steve Zahler, Gründer und Champion, Nr. 1 in New York und Nr. 34 der Weltrangliste, hat sich in den Sport vernarrt, als er fünf Jahre alt war; seither ist er seine Passion. Er und Mitbegründer Steve Epstein kämpfen um die Zukunft des Pinball, sowohl als Familienspaß als auch als Wettkampfdisziplin.

Ein cooler Ort, um so richtig abzuflippern!

Adresse 362 Third Avenue (zwischen East 26th und 27th Street), New York 10016, Tel. +1 646.415.8440, www.modernpinballnyc.com, info@modernpinballnyc.com | **Anfahrt** Subway: 28 St (6, R, N); 34 St-Herald Sq (B, D, F, M, Q), Bus: M 1, M 3, M 9, M 15, M 23, M 34, M 101, M 102, M 103 | **Öffnungszeiten** So–Mi 11–24 Uhr, Do–Sa 11–2 Uhr | **Tipp** Verwöhnen Sie Ihre Sinne in den Gewürzläden und Restaurants Little Indias an der Lexington Avenue zwischen 26th und 30th Street.

71 The MoMath
Kleine Geschichte der Mathematik

Uncool? Weit gefehlt. Diesen Ort verlässt man nicht als Mathe-Muffel: Weit spaßiger, als Ihre Kinder es sich je hätten träumen lassen, wirft das MoMath, wie der Volksmund das Museum nennt, ein buntes Spotlight auf die kreativen und spielerisch spannenden Aspekte der als dröge verschrienen Disziplin. Dies ist auch die Aufgabe, die sich das einzige Mathe-Museum Nordamerikas gestellt hat: das traditionell angeschlagene Image des Schulfachs aufzubessern.

»Die Leute lieben es, wenn sie etwas zum Anfassen haben«, sagt Gründer Greg Whitney. Von den π-förmigen Griffen der Eingangstüren bis zur großen Anzahl interaktiver Installationen, Projektionen, Licht- und Klangeffekte, Werktische oder Bodenpuzzles erstrecken sich die Exponate auf über 6.000 Quadratmetern und auf zwei Ebenen. Die gesamte Ausstellungsfläche ist dazu designt worden, Neugier und Freude zu wecken. Obwohl die 31 Stationen auf Sieben- bis Zwölfjährige abgestimmt sind, findet sich mehr als genug Technikspielzeug für Kleinkinder, Teens und Erwachsene.

Touchscreens geben die Anweisungen für die meisten der interaktiven Installationen vor; freundliches Personal steht bereit, um zu helfen, zu erklären und die Kleinen zu Fachgesprächen anzuregen.

Die Kinder können mit einem der Dreiräder mit viereckigen Rädern über eine quietschgelbe Rundspur fahren oder sich auf geschickten Beinen über den Math Square bewegen – ein animiertes Spiel in neongrellen Discofarben. Die Namen der Exponate sind besonders faszinierend: *Achterbahn, Formel-Morph, Polypaint, Light Grooves, Logo-Generator, Menschenbaum* und *Formen des Raums* sind nur einige von ihnen. Der Geschenkeshop im Haus bietet ein sorgsam zusammengestelltes Sortiment aufregender Mitbringsel einschließlich anspruchsvoller Spiele, Puzzles und diverser Poster.

Laut Co-Direktorin Cindy Lawrence ist es das Leitprinzip des Museums, zu vermitteln, »dass Mathe cool ist«. Und ob. Hausaufgaben gemacht.

Adresse The Museum of Mathematics, 11 East 26th Street (zwischen Madison und Fifth Avenue), New York 10010, Tel. +1 212.542.0566, www.momath.org, info@momath.org |
Anfahrt Subway: 28 St (6, N, R), Bus: M 1, M 2, M 3, M 5, M 102, M 103 |
Öffnungszeiten täglich 10–17 Uhr | **Tipp** Im Madison Square Park, direkt gegenüber, werden in jeder Saison neue Skulpturen und Installationen ausgestellt. Leckere Burger, Fritten und Shakes gibt es im original »Shake Shack« nahe Madison Avenue und 23rd Street.

72 Morbid Anatomy
Das Schöne und der Tod

Nicht der webenverhangene Dachboden, den Sie vielleicht erwarten, sondern ein frisch renoviertes, hell erleuchtetes und geräumiges Museum auf drei Etagen: Sein Straßeneingang öffnet sich zu einem Café samt Shop, in dessen Regalen ein wildes Sortiment von Büchern über medizinische Kuriositäten, ausgestopfte Tiere, Bestattungskunst und Todessymbolik steht. Nippen Sie an Ihrem Latte, während Sie durch das hauseigene Werk »The Morbid Anatomy Anthology« blättern.

Weiter oben erwarten Sie zwei bemerkenswerte Galerien. In der ersten sind wechselnde Ausstellungen zu sehen, meist Leihgaben aus Sammlungen bizarrer Objekte, die provozierende Fragen stellen und zwiespältige Gefühle zum Thema »Schnittstelle Schönheit und Tod« hervorrufen.

Eine zweite Galerie beherbergt eine einzigartige Forschungsbibliothek (mit mehr als 2.000 E-Books) sowie die permanente Ausstellung des Museums, die sich um medizinische Anomalien, Taxidermie, Skelette, anatomische Kunst, Totenmasken, Trauerschmuck aus Menschenhaar und andere Absonderlichkeiten dreht.

Einst bewahrte Gründerin und Kreativdirektorin Joanna Ebenstein, eine gut gelaunte Buchdesignerin und Fotografin mit strahlendem Blick, diese Schätze in einem Schrank auf. Ihre Begeisterung für morbide Bildsprache zeigte sich bereits im Kindesalter und intensivierte sich mit der Zeit. So untersuchte sie Darstellungen des Todes in medizinisch und künstlerisch ausgerichteten Museen der ganzen Welt, sammelte Bücher, wundersame Dinge, hielt Vorträge und unterhält aktuell einen sehr beliebten Blog. Dank privater Investoren und eines hart arbeitenden Vorstandes konnte das Museum 2014 seine Pforten am heutigen Standort öffnen.

Spezielle Events finden im Untergeschoss statt: Workshops zum Thema Kadaverpräparation etwa, Vorträge von Professoren, Bestattern, Spiritualisten, Künstlern – und Filmvorführungen. Es muss ja nicht immer Venedig sein; hier lebt der Tod in New York!

Adresse 424 Third Avenue (zwischen 6th und 7th Street), Brooklyn, New York 11215, Tel. +1 347.799.1017, www.morbidanatomymuseum.org, info@morbidanatomymuseum.org | **Anfahrt** Subway: 4 Av (F, G); 9 St (R), Bus: B 37, B 61, B 63, B 103 | **Öffnungszeiten** Mo und Mi–So 12–18 Uhr, Di geschlossen | **Tipp** »Four & Twenty Blackbirds« in der Third Avenue und 8th Street backt einen salzigen Karamell-Apple-Pie, der Ihnen den Sinn des Lebens in Erinnerung ruft.

73 Morris Jumel Mansion
Schlafgast: George Washington

Wem nach einer uramerikanischen Zeitreise ist, der wird ein paar Schritte vom geschäftigen Markt in der St. Nicholas Avenue fündig: Während Sie Sylvan Terrace entlangschlendern, ein Gässchen mit Kopfsteinpflaster und Holzhäusern, schwindet das Städtische nach und nach, bis Sie schließlich vor einer georgianischen Villa stehen, die Bilder des kolonialen Virginia wachruft.

Ganz oben an Manhattans höchstem Punkt, in einem heimeligen Park mit englischen Gärten gelegen, ragt vor Ihnen das weiße Haus mit seinen anmutigen hohen Säulen auf. Die Einrichtung spiegelt diverse Kapitel seiner Geschichte wider: Im Erdgeschoss liegen Salon, Speisezimmer, Wohnstube und – als erstes seiner Art – ein achteckiges Arbeitszimmer. Von illustren Schlafgästen flüstern die Gemächer der ersten Etage.

Manhattans ältester erhaltener Wohnsitz wurde 1765 als Sommerresidenz des britischen Colonel Roger Morris erbaut. Als die Amerikanische Revolution losbrach, floh der Colonel; es war George Washington, der das Anwesen zu seinem Hauptquartier machte und von der Veranda aus die Schlacht von Harlem Heights dirigierte. Zehn Jahre später wurde daraus ein herrschaftlicher Gasthof, in dem Washington – mittlerweile erster Präsident der USA – seine Dinnerabende gab. 1810 schließlich kaufte der französische Speditionsmagnat Stephen Jumel die Villa. Nach dessen Tod heiratete seine Witwe Eliza den ehemaligen Vizepräsidenten Aaron Burr, ließ sich jedoch wieder scheiden und wohnte hier bis zu ihrem Tod.

Einiges ist original erhalten und einen näheren Blick wert, so etwa Aaron Blurrs »metamorphischer Schreibtisch«, der sich zu einem ovalen Tisch wandeln lässt. Das Bett Elizas soll einst Kaiserin Joséphine gehört haben. Im 18. Jahrhundert nächtigte hier Washington, heute geht es weniger verschlafen zu: Bildungsevents, Festivals und andere Kulturschlachten bringen das ehemalige Hauptquartier regelmäßig erneut aus der Ruhe.

Adresse 65 Jumel Terrace (zwischen West 160th und 162nd Street), New York 10032, Tel. +1 212.923.8008, www.morrisjumel.org, info@morrisjumel.org | **Anfahrt** Subway: 163 St-Amsterdam Av (C), Bus: M2, M3, M100, M101 | **Öffnungszeiten** Di–So 10–16 Uhr | **Tipp** Es lohnt ein Spaziergang zu St Nicholas Park, um Hamilton Grange aufzusuchen. In diesem Haus wohnte der Unabhängigkeits-Patriot Alexander Hamilton bis zu seinem Tod bei einem legendären Duell 1804 mit seinem politischen Feind Aaron Burr.

74 Die Mossman Collection
Genuss am Verschluss

Kein richtiger Banküberfall, aber mindestens der halbe Spaß: Die Sammlung der Schlösser befindet sich auf dem Innenbalkon in der ersten Etage jenes Gebäudes, in dem seit 1899 die »General Society of Mechanics & Tradesmen of the City of New York« ansässig ist. Die 1785 gegründete Gesellschaft von Handwerkern und Händlern beherbergt eine der ältesten technischen Privatschulen der Stadt, das »Mechanics Institute«. Stolz teilt sich die Bastion der Hemdsärmel einen Block mit ihren vornehmen Nachbarn, dem Harvard Club, der NYC Bar Association und dem New York Yacht Club.

Wie man hineinkommt? Sie sagen dem Wachmann, Sie würden sich gern die Lock Collection ansehen, tragen sich in der Besucherliste ein, entrichten eine geringe Gebühr und erhalten ein Leihexemplar von »The Lure of the Lock« – »Die Verlockung des Schlosses« –, das Sie auch kaufen können. Mossmans 1928 veröffentlichtes Buch beschreibt en détail jedes einzelne der 400 Exponate und erzählt die Geschichten berühmter Raubüberfälle auf Banken.

Über eine Marmortreppe werden Sie zum Balkon geleitet, der sich über der riesigen Bibliothek der Gesellschaft befindet. Dort angekommen, können Sie nach Belieben in altmodischen Schaukästen die weltweit umfassendste Sammlung antiker Verschlussmechanismen aus Banken, Tresorräumen und Schatzkellern bestaunen, die ältesten davon aus dem vierten vorchristlichen Jahrtausend.

Die Vielfalt an Materialien, Formen und Größen ist enorm; viele Stücke sind handverziert und von anspruchsvollem Design, manche gar zerlegt ausgestellt, sodass Sie einen Blick auf ihr Innenleben werfen und sehen können, wie ausgeklügelt die Methoden bereits waren, mit denen über Jahrhunderte Bargeld und Wertsachen geschützt wurden.

Eine faszinierende Führung durch die Welt der Schlösser – und auch jene der Schlossknacker: Um gar zu Versuchte zu entmutigen, sind viele der Vitrinen dreifach verriegelt, verrammelt und verplombt.

Adresse 20 West 44th Street (zwischen Fifth Avenue und Avenue of the Americas), New York 10036, Tel. +1 212.840.1840, www.generalsociety.org/ | **Anfahrt** Subway: 42 St-Bryant Pk (B, D, F, M); Grand Central-42 St (4, 5, 6, 7, S); Times Sq-42 St (1, 2, 3, 7, N, Q, R); 5 Av (7), Bus: M 1, M 2, M 3, M 4, M 5, M 7, M 20, M 42, M 50, M 101, M 102, M 103, M 104 | **Öffnungszeiten** Mo–Do 11–19 Uhr, Fr 10–17 Uhr (bitte rufen Sie an, um sich die Öffnungszeiten bestätigen zu lassen) | **Tipp** In der 110 West 44th Street befindet sich die nationale Schuldenuhr, auf der die aktuelle Bruttoverschuldung der USA und der Anteil jeder Familie daran abzulesen sind.

75 _ Das Mount Vernon Hotel
Stadt, Land, Fluss

Ein unübersehbarer Zeitsprung: Im Schatten der Queensboro Bridge steht zwischen Wolkenkratzern ein steinernes Kutschenhaus von 1799 auf einem Grundstück von 23 Morgen Land, das damals Abigail Adams Smith gehörte, Tochter des amerikanischen Präsidenten John Adams. 1826 wurde das Gebäude verkauft und in das Mount Vernon Hotel umgebaut, ein Erholungsort auf dem Land für gestresste Städter. Das Haus lockte damit, »frei vom Lärm und Staub der öffentlichen Straßen« und »nur für die vornehmsten und achtbarsten Persönlichkeiten bestimmt« zu sein. Zu dieser Zeit endete der Norden New Yorks bereits bei der 14th Street; ein Ausflug per Postkutsche oder Dampfer hoch zum Hotel bot Erholung beim Schwimmen im East River, bei Spaziergängen durch die Gärten, bei Schildkröten- oder Austernsuppe, beim Kartenspiel in der Taverne für die Gentlemen oder beim Plausch über Rezepte, Klatsch und Tratsch im Damensalon.

Nach mehreren Eigentümern wurde das Hotel 1924 von den »Colonial Dames of America« erworben und 1939 neu eröffnet; noch heute kümmert sich die Organisation um den Erhalt des Hotels.

Treten Sie donnerstags bis sonntags zur Mittagszeit durch die Pforte, und Sie werden herzlich von einem Guide begrüßt, der Sie durchs Haus mit seiner einzigartigen Kunstsammlung führt und Ihnen die Außenanlagen zeigt, eine Tour, die mit einem kurzen Film über die faszinierende Geschichte des Anwesens beginnt und sich danach Ihren Fragen und Interessen widmet.

Draußen auf der Steinfassade ist das Baujahr geschickt in die Muster eingearbeitet, da lohnt ein näherer Blick. Ein Spaziergang zwischen den Bäumen, Pflanzungen, Steinpfaden und der romantischen Gartenlaube erst recht: Vögel singen, Eichhörnchen huschen herum; die Luft riecht sauberer, weniger städtisch. Und während Sie dies noch denken, hat das Mount Vernon Hotel seine alte Magie unmerklich auch bei Ihnen entfaltet: Sie sind in eine andere Zeit entkommen.

Adresse The Mount Vernon Hotel Museum & Garden, 421 East 61st Street (zwischen First und York Avenue), New York 10065, Tel. +1 212.838.6878, www.mvhm.org | **Anfahrt** Subway: Lexington Av/59 St (N, R, 4, 5, 6); Lexington Av-63 St (F), Bus: M15, M31, M57 | **Öffnungszeiten** Di–So 11–16 Uhr | **Tipp** Während Sie ihren Blick durch den Giftshop schweifen lassen, schauen Sie doch auch nach den monatlichen Special Events. Sie werden versucht sein, noch einmal hierher zurückzukehren, um Vorträge, Abenteuerjagden bei Kerzenlicht oder Musik zu erleben.

76 The News Building
Superhelden

Ein Schritt durch die imposanten Art-déco-Pforten und Sie stehen in der Lobby des fiktionalen »Daily Planet«, jener Zeitung, für die Superman-Alter-Ego Clark Kent und Lois Lane arbeiten.

1930 als Hauptsitz der realen »New York Daily News« erbaut, des ersten, auflagenstarken Boulevardblattes der Stadt, war das Gebäude auch der erste Wolkenkratzer mit Flachdach, den Ayn Rand damals als das »hässlichste Gebäude New Yorks« bezeichnete. Verleger Joseph Patterson hatte den Architekten Raymond Hood – später Erbauer des Rockefeller Centers – angeheuert, um ein Gebäude zu entwerfen, das nicht nur die Zeitung beherbergte, sondern auch ihren Status als Zentrum der Welt in alle Welt hinausschrie. Unübersehbar ist dies in der Lobby; ihr Herzstück bildet der Welt größter Innen-Globus, eine angeleuchtete Kugel von gut dreieinhalb Metern Durchmesser, die langsam in einer kreisförmigen, verspiegelten Versenkung rotiert. Auf dem Boden messen Kompassnadeln und Markierungen die Entfernung zwischen NYC – dem Epizentrum – und anderen Städten des Erdkreises. Eine Decke mit schwarzer Glaskuppel suggeriert die Tiefe des Alls. Ursprünglich als Lehrausstellung konzipiert, ist die Lobby noch immer ein bemerkenswertes Stück Architektur, die mit ihren Weltuhren und antiken Zifferblättern stets aufs Neue Besucher fasziniert.

Die »Daily News« sah sich als ein Blatt mit globaler Perspektive – und dem Finger am Puls der kleinen Leute. Bildhauer Rene Chambellan schuf ein drei Stockwerke hohes Basrelief auf der Fassade, die das Gebäude als Leuchtfeuer über arbeitenden Menschen zeigt. Gigantische Lettern proklamieren: »Er schuf so viele von ihnen«, ein Zitat Abraham Lincolns: »Gott muss die kleinen Leute geliebt haben, er schuf so viele von ihnen.«

1995, als die »Daily News« auszog, wurde das Haus in »The News Building« umbenannt. Der Charme des Art déco jedoch bleibt – und die Superhelden-Aura des imaginären »Daily Planet«.

Adresse 220 East 42nd Street (zwischen Second und Third Avenue), New York 10017 | **Anfahrt** Subway: Grand Central-42 St (4, 5, 6, 7, S), Bus: M 1, M 2, M 3, M 4, M 15, M 42, M 101, M 102, M 103 | **Öffnungszeiten** Mo–Fr 9–17 Uhr | **Tipp** Ein weiteres kultiges Flachdachgebäude vor. Raymond Hood ist das GE Building (ehemals RCA Building). Fernsehzuschauer kennen es als »30 Rock«. Der Blick von seiner Aussichtsplattform »Top of The Rock« ist phänomenal.

77 _ The New York Earth Room

Komplex des Einfachen

Es ist ein Raum voller Erde. Mehr nicht. Knapp 200 Kubikmeter Erdboden, die 335 Quadratmeter Fläche bedecken, gut einen halben Meter tief, 28.000 Pfund schwer. Klingeln Sie, und steigen Sie die Stufen zu einem weißwandigen Ausstellungsraum empor, wie er typisch ist für SoHo. Niemand ist da bis auf einen Mann, der still an einem Schreibtisch am anderen Ende sitzt. Vielleicht überkommt Sie ein Kichern, vielleicht schütteln Sie den Kopf. Warten Sie einfach ab, und lassen Sie Ihre Vorstellungen von Galeriebesuchen hinter sich. Bleiben Sie stehen. Atmen Sie. Schließen Sie die Augen und öffnen Sie sie wieder. Saugen Sie den lehmigen Urgeruch in sich auf. Schweigen Sie, während das in Ihnen heraufkriecht, was mit Worten nicht auszudrücken ist. Erfahren Sie Tiefe, Breite, Gewicht. Urteilen Sie nicht mehr, sondern öffnen Sie sich.

Von den 1960er Jahren bis zu seinem Tod 2013 war der Bildhauer Walter De Maria einer der bedeutenden Künstler der New Yorker Szene, ein Pionier des Minimalismus und der Konzeptkunst. Er verstand es, das Einfache komplex zu machen. Seine Landart-Projekte in monumentalem Maßstab wurden als Earthworks – Erdarbeiten – bekannt. Er war auch Musiker und spielte mit Lou Reed und John Cale bei den »Primitives« – einer Band, aus der später »The Velvet Underground« hervorging. Bei öffentlichen Belobigungen meldete De Maria Skepsis an, was den Wert zeitlich begrenzter Ausstellungen anging. Ein erklärtes Ziel von Dia, wo die Arbeit untergebracht ist, besteht daher darin, »die Kunst an einen Ort zu bringen und sie über die Jahre sprechen zu lassen«. Dia Art Foundations pflegt eigenwillige, permanent ausgestellte zeitgenössische Kunst, darunter den Earth Room seit 1980 – wässert, harkt, entschimmelt. Geworben wird dafür nicht. Man hört davon über Leute, die von jemandem gehört haben, der wiederum davon gehört hat. Also gehen Sie hin.

Adresse The New York Earth Room at Dia Art Foundation, 141 Wooster Street (Nähe Prince Street), New York 10012, www.earthroom.org | **Anfahrt** Subway: Prince St (N, R); Broadway-Lafayette (B, D, F, M); Spring St (A, C, E); Bleecker St (6); Houston St (1), Bus: M 5, M 20, M 21, M 103 | **Öffnungszeiten** Sept.–Juni Mi–So 12–18 Uhr (geschlossen 15–15.30 Uhr) | **Tipp** Für eine ganz andersartige und doch ähnlich interessante Meditationserfahrung zu Stille und Ruhe besuchen Sie De Marias »The Broken Kilometer« aus Messingstäben, nur Schritte entfernt am 393 West Broadway.

78 Das Nuyorican Poets Cafe
Artig ist woanders

Ein bebrillter Poet, der vor sich hinliest, während lauschende Literaturfreunde höflich ein Gähnen unterdrücken: Sollte dies Ihre Vorstellung von einer Dichterlesung sein, dann seien Sie darauf gefasst, einen Kulturschock zu erleiden.

Der in East Village gelegene Tempel der darstellenden Künste samt Bar feiert die kreative Energie, fördert Künstler aller Genres, Ethnien, Altersklassen und Neigungen, die in den Mainstream-Medien unterrepräsentiert sind. Hier sprengt man traditionelle Barrieren zwischen Künstlern und Zuschauern durch lebhafte Publikumsbeteiligung. Stellen Sie sich in die Warteschlange, die sich um den Block windet, bevor sich die Pforten öffnen, und begegnen Sie einem erstaunlichen Querschnitt durch die Weltbevölkerung – und durch jene von nebenan –, die sich zu einem actiongeladenen Abend versammelt.

Der Gründer Miguel Algarin glaubte inbrünstig, dass »wir einander zuhören, unsere Eigenarten respektieren und die authentische Stimme des Dichters verbreiten müssen«. Was 1973 als Treffen Seelenverwandter in seinem Wohnzimmer begann, wuchs so schnell, dass es 1975 in eine Kneipe umziehen musste. 1980 schließlich fand der Laden seine heutige Heimat in der East 3rd Street.

Auf dem Online-Spielplan stehen Poetry Slams, Hip-Hop, Jazz, Theater, Videokunst, bildende Kunst, Komödien – auf der »kleinsten Bühne der Welt«. Während einmalige Darbietungen und schwer zu kategorisierende Events den Kalender aufpeppen, gibt es einen festen Wochenplan: montags Open-Mike-Abende, mittwochs Open Slams, donnerstags Latin Jazz und legendäre Poetry Slams am Freitag. Am Wochenende schließlich eine breite Palette von Unterhaltungsangeboten. An der Abendkasse sind die Preise akzeptabel, online etwas teurer, aber die Erfahrung unbedingt wert. Machen Sie sich darauf gefasst, aktiver Teil dessen zu werden, was immer an diesem Abend geschieht. Artiges Publikum allerdings geht besser woandershin.

Adresse 236 East 3rd Street (zwischen Avenues B und C), New York 10009, Tel. +1 212.780.9386, www.nuyorican.org, info@nuyorican.org | **Anfahrt** Subway: 2 Av (F, V), Bus: M 14A, M 15 | **Öffnungszeiten** wechseln abhängig vom Veranstaltungskalender, bitte rufen Sie an oder überprüfen Sie die Zeiten online | **Tipp** Die Avenues A, B, C und nahe gelegene nummerierte Straßen sind hier als »Alphabet City« bekannt. Nehmen Sie sich Zeit, um diesen hippen Bezirk im Shabby-Chic mit seinen Bars, Galerien und trendigen Boutiquen zu erkunden.

79 Paley Center for Media
The shows must go on

Seine Heimat ist ein von Philip Johnson entworfenes Haus und sein Herz die dreistöckige, in gedämpftes Licht getauchte Bibliothek, in der Stille herrscht – von gelegentlichen Lachern abgesehen, wenn sich gerade jemand über eine besonders komische Sequenz amüsiert. Man wird Sie zu einer der 42 Konsolen geleiten. Setzen Sie das Headset auf –, und Sie haben freien Zugang zum elektronischen Archiv.

Legen Sie sich Radioreportagen aus den 1920er Jahren auf die Ohren, sehen Sie sich alte und neue TV-Shows an – alles von den »Teleplays« der Vierziger bis zu den Previews der nächsten Saison. Die ständige Sammlung von über 160.000 Sendungen umspannt Generationen und eine Genrevielfalt von Talkshows, Thrillern, Dokumentationen, Cartoons und Werbung. Lieben Sie Lucy? Nein? Falls Sie also eher auf Cosby stehen, von Dr. Who hingerissen sind, Walter Cronkite anschmachten oder sich nach den Sopranos verzehren, werden Sie hier alle Ihre Lieblingsfolgen finden – oder diejenigen, nach denen Sie schon so lange vergeblich suchen: Ein Klick mit der Maus, und Sie werden einmal mehr Zeuge von Krönungen, Katastrophen und Kultrekorden. Hören Sie Pavarotti singen, sehen Sie Nurejew tanzen.

Im unteren Saal mit 200 Plätzen finden größere Filmvorführungen, Seminare und spezielle Events statt. Jeder Event wird aufgezeichnet und katalogisiert. Im ersten Stock gibt es ein weiteres, intimeres Theater für Schulklassen und Fanclubs, mietbar für Stunden des episodischen Glücks.

1975 von Radio- und Fernsehvisionär William S. Paley gegründet, sammelt und bewahrt das Center Inhalte von Ausstrahlungsmedien, macht sie zugänglich und reflektiert ihre historische Bedeutung sowie ihren Einfluss auf Gesellschaft und Kunst. Gleichermaßen ist es Mekka für Spezialisten aus aller Welt und Wunderland für Künstler und Kreative der alten wie neuen Medien.

Stöbern Sie in Kindheitserinnerungen; von dort kommt nicht nur hier die Zukunft.

Adresse 25 West 52nd Street (zwischen Fifth Avenue und Avenue of the Americas), New York 10019, Tel. +1 212.621.6800, www.paleycenter.org, info@paleycenter.org | **Anfahrt** Subway: 5 Av/53 St (E, M); 47–50 St-Rockefeller Ctr (B, D, F, M); 51 St (6); 50 St (1); 57 St-7 Av (N, Q, R), Bus: M 1, M 2, M 3, M 4, M 5, M 7, M 20, M 31, M 50, M 57 | **Öffnungszeiten** Mi–So 12–18 Uhr, Di 12–20 Uhr | **Tipp** Gehen Sie fein aus – gleich nebenan im legendären »21 Club«, einst Kaschemme aus der Zeit der Prohibition, heute bei Stars und VIPs beliebt.

80_Das Panorama von NYC
Big Apple ganz small

Versuchen Sie das mal, sich sattzusehen am 3-D-Modell der »City of New York«, das sich vor Ihnen erstreckt: Jedes Haus, jeder Büroturm – Park, Brücke, Straße, Wasserweg – präsentiert sich en miniature. Schreiten Sie den gesamten Umfang entlang Glasbalkonen und Schwebebühnen ab, von denen aus sich spektakuläre Blicke auf alle fünf Stadtbezirke bieten. Berühmte Ansichten werden Sie genauso finden wie Ihr Hotel. Es ist wirklich alles da! Ein Wunder der Vogelperspektive für Besucher des Big Apple und Inspiration für Künstler und Schriftsteller weltweit.

Das Panorama – Kronjuwel des New Yorker Pavillons der Weltausstellung 1964–65 – war die Idee des legendären Stadtplaners Robert Moses. In seiner detaillierten Modell-Metropole im Maßstab 1 : 200 ragt das Empire State Building noch ganze 38 Zentimeter in die Höhe; die Freiheitsstatue misst gerade einmal fünf. Drei Jahre lang studierte ein Team aus Architekten und Modellbauern Luftaufnahmen und Karten und gestaltete jede Winzigkeit aus Schaumstoff, Holz, Plastik, Karton oder Metall. Besucher der Weltausstellung betrachteten das Modell von Elektrowaggons aus, die den Blick aus dem Hubschrauber in 6.000 Metern Höhe simulierten; Lichteffekte verwandelten Tag in Nacht.

1992 entstand aus dem ehemaligen Pavillon das heutige Queens Museum. Das Panorama wurde in 273 Einzelteile zerlegt, restauriert und auf den neuesten Stand gebracht, was bedeutete, 60.000 Gebäude auszutauschen. Das neue Museum für zeitgenössische Kunst wurde 2013 in Räumlichkeiten von doppelter Größe eröffnet – mit hell erleuchteten Galerien, einer dramatischen Glaswand vor dem kultigen »Unisphere« von 1964 und seinem Herzstück, dem upgedateten Panorama. Exponate von 1939 und 1964 und eine Sammlung von Tiffany-Glas sorgen für den rechten Schuss Nostalgie. Wenn Sie es jetzt noch schaffen, vor der Kulisse des Small Apple kein atmosphärisches Selfie zu schießen, sind Sie ein Held.

Adresse Queens Museum, Flushing Meadows-Corona Park, Queens, New York 11368, Tel. +1 718.592.9700, www.queensmuseum.org, info@queensmuseum.org |
Anfahrt Subway: Mets-Willets Point (7) | **Öffnungszeiten** Mi–So 12–18 Uhr |
Tipp Fahren Sie mit der Linie 7 noch eine Station weiter zur Main Street, Flushing – zu einer der größten Chinatowns außerhalb Asiens, um das authentische Flair des Fernen Ostens zu genießen.

81 _ The Park Avenue Armory
Krieger in Seidenstrümpfen

Er ist eine veritable Festung, die einen ganzen Block des exklusivsten Grund und Bodens der Upper East Side besetzt: 1880 erbaut, diente der riesige Backsteinkomplex der New Yorker »National Guard« als Hauptquartier des 7. Regiments der Hilfsmiliz, einer Einheit, die als »Seidenstrumpfmiliz« bekannt war, da die meisten ihrer Mitglieder aus der sozialen Elite der Stadt stammten. Sagenumwobene Familien wie die Vanderbilts, Roosevelts oder Harrimans finanzierten den Bau privat und beauftragten die gleichen Architekten, die ihre opulenten Anwesen in der Stadt und auf dem Land errichtet hatten. Die Exerzierhalle – mit einer 17.000 Quadratmeter großen Fläche für Militärparaden und Kostümbälle – galt als Wunder der Ingenieurskunst. Man scheute keine Kosten, um den Empfang oder die Regimentsräume mit den erlesensten Arbeiten von Innenarchitekten wie Louis Comfort Tiffany auszustatten.

Ganz gleich, wann Sie vorbeikommen: Immer gibt es viel zu sehen. Seit Jahrzehnten finden hier internationale Kunst- und Antikausstellungen statt. Guides bieten Führungen durch die historischen Konstruktionen und Räumlichkeiten an, die von der Denkmalschutzbehörde als »der wichtigste Bestand an Inneneinrichtungen aus dem 19. Jahrhundert, die intakt in einem Gebäude erhalten sind« bezeichnet werden. Für 200 Millionen Dollar soll nun der ursprüngliche Glanz durch Restaurationsarbeiten wiederhergestellt werden.

Als einer der aufregendsten Kulturorte der Stadt par excellence ist die gigantische, säulenfreie und selbsttragende Halle seit 2007 zahllosen Anpassungen unterzogen worden, um als unkonventionelle Bühne für Aufführungen und Ausstellungen monumentaler Meisterwerke aus der Welt des Theaters, des Tanzes und der bildenden Künste zu taugen. Die Royal Shakespeare Company baute sogar eine 1:1-Reproduktion ihres britischen Originaltheaters innerhalb der Halle auf. Applaus und ewiger Dank den siegreichen Seidenstrümpfen!

Adresse 643 Park Avenue (zwischen East 66th und 67th Street), New York 10065, Tel. +1 212.616.3930, www.armoryonpark.org | **Anfahrt** Subway: 68 St-Hunter College (6); Lexington Av/63 St (F), Bus: M 66, M 101, M 102, M 103 | **Öffnungszeiten** während der Programmzeiten, besuchen Sie die Webseite | **Tipp** Nebenan, in der Park Avenue und 70th Street, wartet das »Asia Society Museum« auf Sie. Es hat ein schönes Café zu bieten, das für einen Lunch oder Nachmittagstee ideal ist, sowie einen Phantasie anregenden Geschenkeladen.

82 _ Pastrami Queen

Liebe auf den ersten Biss

Die erste Liebe vergesse man nie, heißt es. Sobald Sie einmal den Geschmack von echter New Yorker »pastrami« auf der Zunge hatten, werden Sie ihn genauso wenig aus Ihrem Gedächtnis verbannen können. Was gut ist, weiß man eben, wenn man reinbeißt. Allein der bloße Gedanke wird Sie bei allem, was Sie gerade tun, innehalten lassen und vor Ihrem lukullischen Auge jene rauchzarten, knoblauchwürzigen Scheiben Fleisch samt zerstoßenen Pfefferkörnern aufscheinen lassen. Ein pikanter Schichtenbau, der sich hoch auf Roggenbrot türmt. *Mmmmh.*

Einst ein Sandwich, das in jüdischen Vierteln, auf der Lower East Side, in Brooklyn und der Bronx an jeder Ecke angeboten wurde, ist *klassische* New Yorker »pastrami« heute zur Rarität geworden. Ortsunkundige befinden gern alles, was hier als Pastrami angeboten wird, für lecker, da sogar die Fälschungen noch um Welten besser schmecken als die andernorts übliche Fabrikmasse. Während manche hiesige Delis mit einigem Recht behaupten, sie servierten die besten Pastramis, schmecken ausgekochte New Yorker dennoch sofort den Unterschied heraus – und bestätigen gern, dass nur Pastrami Queen voll ins Schwarze trifft.

Unscheinbar steht der koschere Feinkostladen auf der Upper East Side – mit hell erleuchteter Theke und fünf Tischen für nur 16 Personen. Hier ist es eng und nicht hübsch, aber die Karte reißt alles heraus. Schauen Sie zu, wie die Profis mit beherzten Handgriffen Ihre Wunschpastrami oder andere Köstlichkeiten in Scheiben schneiden – Corned Beef, Ochsenbrust, Rinderzunge, Truthahn, Roastbeef, Huhn und gehackte Leber. Auch die Salate und Beilagen sind sündig. Traditionelles wie Kasha, Knishes, Reibekuchen und Matzensuppe gibt es ebenso wie krosse Fritten und Knackwurst. Sie können auch nach Hause liefern oder Ihre Party catern lassen. Einmal jedoch sollten Sie sich vor Ort an einen der Tische setzen und sich den Biss Ihres Lebens antun.

Adresse 1125 Lexington Avenue (zwischen East 78th und 79th Street), New York 10075, Tel. +1 212.734.1500. www.pastramiqueen.com | **Anfahrt** Subway: 77 St (6), Bus: M1, M2, M3, M4, M15, M72, M79, M101, M102, M103 | **Öffnungszeiten** täglich 10–22 Uhr | **Tipp** Das untere Geschoss der schönen St. Jean Baptiste Church Ecke 76th Street und Lexington Avenue beherbergt das »DiCapo Opera Theater«, eine »Mini-Met«.

83 Das PDT

Jenseits der Telefonzelle

Zur Zeit der Prohibition (1920–1933) war ein »speakeasy« eine illegale Spelunke, die sich in für Otto-Normal-Cop kaum auffindbare Nischen hinter schweren Türen verzogen hatte. Ihre Lage nebst geheimem Codewort war nur einer Schar Eingeweihter bekannt. PDT – »Please Don't Tell« – liegt so ausgefuchst verborgen, dass Sie trotz der bekannten Adresse St. Marks Place nicht hineinfinden werden. Das geht nämlich nur über den Imbiss Crif Dogs – unterhalb eines Außenschildes in Wiener-Würstchenform mit dem Appell »eat me« als Senfschnörkel obendrauf. Betreten Sie diskret die antike Telefonzelle mit Wählscheibenapparat, folgen Sie den an die Wände gekrakelten Anweisungen, und melden Sie sich bei der Wirtin.

Das Lokal erweist sich als intime Cocktail-Lounge mit Platz für 45 Personen – eine elegante Bar im Stil der Zwanziger mit vier ovalen Separees. Ölgemälde und ausgestopfte Bären, Otter oder gehörnte Kaninchen zieren die Wände. Virtuosen der Mixkunst kreieren Cocktail-Klassiker, die mit raren Hochprozentern, frischen Zutaten, hausgemachtem Sirup sowie diversen Bittern aufgepeppt werden, und servieren sie mit großem Elan. »On the rocks«-Drinks chillt ein einziger riesiger Eiswürfel, ohne sie zu verwässern. Ist Ihnen nach einem Snack, so ordern Sie einen »Crif Dogs frankfurter« mit extravaganten Garnituren wie Avocado, Frischkäse, Chili, Bacon oder Ananas. Das Essen kommt über eine schmale Durchreiche in der verspiegelten Hinterwand der Bar.

Um einen der begehrten Plätze zu ergattern, empfiehlt sich eine Reservierung – allerdings nur am gleichen Tag; die historisierende Hotline ist ab 15 Uhr besetzt, bis alles voll ist. Wer am Wochenende vorbeischleicht, sollte mit Wartezeiten rechnen: Die Wirtin notiert sich Ihren Namen und flüstert Ihnen über Handy, wann Plätze frei werden.

Eine Snackbar, eine Telefonzelle und die Geschichte, die sich dahinter abspielt: Wie ein Bild für das ganze Leben.

Adresse im »Crif Dogs«, 113 St. Marks Place (zwischen First Avenue und Avenue A), New York 10009, Tel. +1 212.614.0386, www.pdtnyc.com | **Anfahrt** Subway: Astor Pl (6); 1 Av (L), Bus: M 8, M 14, M 15, M 101, M 102, M 103 | **Öffnungszeiten** Mo – Fr 18 – 2 Uhr, Sa – So 18 – 4 Uhr | **Tipp** Nehmen Sie ein Theaterstück, eine Tanzdarbietung oder eine Dichterlesung im historischen »Theatre 80« (80 St. Marks Place) mit – ebenfalls eine ehemalige Prohibitions-Kaschemme, promibesuchter Jazzclub und Kunstfilm-Kino.

84_ Das Pflaster von SoHo
Pop-Art meets Petroglyphen

Die 1970er Jahre: SoHo ist der Hotspot der New Yorker Kunstszene; riesige Lofts mit nacktwandigem Industrial-Charme und bodenlos niedrige Mieten ziehen Künstler gleichermaßen an wie Uptown-Galerien, die Räume für Großformatiges suchen. Je heißer das Viertel, desto mehr In-Restaurants und Boutiquen gesellen sich hinzu; in der Folge steigen die Mieten. Überbotene Künstler verziehen sich in äußere Stadtbezirke, und die Galerien gehen nach Chelsea oder zur Lower East Side.

Heute hat Window-Shopping das Gallery-Hopping verdrängt; dennoch gibt es hier nach wie vor coole Kunst: Grelle Graffiti und Wandbilder verschönern Häuser, Wände, Eingänge. Täglich auch jagen geschäftige Massen über die Gehsteiggravuren von Ken Hiratsuka (aka Ken Rock), die die Nordwestecke von Broadway und Prince Street aufs Eigentümlichste zieren. Niemand jedoch scheint zu bemerken, was sich unter jedermanns Füßen verbirgt – obwohl sich die Steinschnitzereien seit 1984 hier befinden. Aus je einer durchgängigen Linie, die sich niemals selbst kreuzt, formen sich skurrile Bilder – ein Stil, der einst als »Keith Haring meets prähistorische Petroglyphen« bezeichnet wurde – und der manchmal tatsächlich für echt Haring gehalten wird. Eines Tages hatte Rock entschieden, diesen Winkel mit einer Kreativ-Offensive zu beleben, und hämmerte und meißelte drauflos, bis die Polizei ihn verscheuchte. Sporadisch kehrte er zurück und vollendete sein Werk im Lauf von zwei Jahren.

Ganz in der Nähe, vor 110 Greene Street, stoßen Sie mit den Zehenspitzen auf Françoise Scheins 25 Meter lange Subway Map Floating on a NY Sidewalk. Die preisgekrönte, aber vergessene Einlegearbeit aus rostfreiem Stahl von 1986 zeichnet die Linien der Subway von damals nach; versenkte Lichter beleuchten die Stationen.

Das nächste Mal, wenn Sie in SoHo sind, reißen Sie doch kurz den Blick von den Schaufenstern los –, und setzen Sie auf Kunst. Ihren Fuß zumindest.

Adresse a) Ken Rock: Nordwestliche Seite des Broadway und der Prince Street, New York 10012; b) Françoise Schein: 110 Greene Street (zwischen Prince und Spring Street), New York 10012 | **Anfahrt** Subway: Prince St (N, R); Broadway-Lafayette St (B, D, F, M); Spring (6, C, E), Bus: M5, M21 | **Tipp** In der »Dominique Ansel Bakery« (189 Spring Street) gibt es den original Cronut und eine große Auswahl von anderem leckerem Gebäck.

85__Das Pier 59

Eins aufs Tee

Lassen Sie den lärmigen West Side Highway und den steten Strom von Joggern, Skatern und Radfahrern entlang des Hudson River hinter sich und peilen Sie Chelsea Piers an – einen Weltklasse-Sportkomplex, der selbst in New York seinesgleichen sucht: Alles da – von Yoga bis zu raumgreifenden Ertüchtigungen wie Eishockey, Fußball, Segeln. Sogar golfen kann man hier.

Hinein in den Chelsea Piers Golf Club kommen Sie über eine Garage, von der aus sich Ihnen ein für Hafendocks eher schräger Anblick bietet: der Giebel und die hölzerne Fensterfront eines Clubhauses, wie man sie sonst in Vororten zwischen akkurat manikürten Hügeln findet. Ein unerwartetes Paradies für Golficionados, die sich dringend wieder einmal eins aufs Tee tun müssen – ob nun Anfänger oder Pros.

Die 600 Quadratmeter große Anlage ist das ganze Jahr über geöffnet, unabhängig von der Witterung. Die Outdoor-Driving-Range bietet 52 überdachte und beheizte Abschlagsplätze auf vier Ebenen, die auf ein 180 Meter langes, spektakulär über den Wassern des Hudson schwebendes Fairway hinausblicken; jeder Einzelplatz verfügt dabei über ein automatisiertes Tee-System. Schläger können Sie mitbringen oder mieten; nachdem Sie entweder einen Zeitblock oder eine Anzahl Bälle erworben haben, aktiviert die Playcard die Ballmaschine. Schwingen Sie Holz und Eisen, gucken Sie sich Techniken anderer ab – oder buchen Sie gleich einen Kurs bei den PGA- und LPGA-Golfpros. Besonders zu empfehlen: der Winter. Die Gebühren sind niedriger, es ist weniger voll, und Schnee wird sofort von der künstlichen Grasnarbe geschippt.

Es warten ein 36 Meter langes Übungsgrün, eine Chipping Area und ein Bunker. Bogey-Geplagten, denen Condor, Eagle und Birdie deutlich lieber wären, gibt der Full-Swing-Simulator eine zweite Chance. Hier spielen Sie virtuell auf 55 weltberühmten Golfplätzen wie Pebble Beach oder St. Andrews – und können doch noch zeigen, was ein Vogel ist.

Adresse Pier 59 (West 18th Street und 11th Avenue), New York 10011, Tel +1 212.336.6400, www.chelseapiers.com/gc, golfclub@chelseapiers.com | **Anfahrt** Subway: 23 St (1, C, E), Bus: M 11, M 12, M 14D, M 23 | **Öffnungszeiten** März–Okt. täglich 6.30–24 Uhr; Nov.–Febr. täglich 6.30–23 Uhr | **Tipp** Ziehen Sie sich Schlittschuhe an und drehen Sie Ihre Runden (und Figuren) im »Chelsea Piers' Sky Rink«, von wo aus Sie auch einen wunderbaren Panoramablick über den Fluss haben.

# 86   Der Postkartenblick
Im richtigen Film

Hoch oben über dem East River, am Rande eines üppig grünen Viertels mit eleganten historischen Reihenhäusern, liegt eine der romantischsten und bei New Yorkern beliebtesten Flaniermeilen der Stadt – in Brooklyn.

Nicht zufällig spielt die Promenade in Filmen wie »Annie Hall« oder »Moonstruck« eine tragende Rolle. Ob Sie nun gemütlich spazieren oder sich auf einer der Bänke entlang der Esplanade von gut einem halben Kilometer Länge niederlassen – Ihnen sind Aussichten von Postkartenqualität gewiss: Freiheitsstatue, Freedom Tower, die Skyline von Lower Manhattan und Brooklyn Bridge. Unabhängig von Wetter oder Jahreszeit liegt der Blick bereits tagsüber im dramatischen Bereich. In der Dämmerung allerdings wird daraus schiere Magie. Während die Sonne versinkt, taucht der Himmel die Silhouette der Stadt in Schattierungen von Pink, Violett und Orange, als wäre sie von hinten angestrahlt. Bei Einbruch der Dunkelheit schließlich flackern Millionen Lichter auf; ein Anblick, den Sie niemals vergessen werden.

Brooklyn Heights ist das älteste Wohnviertel Brooklyns und steht unter Denkmalschutz. Bereits in den 1700er Jahren bauten wohlhabende Kaufleute und Kapitäne hier ihre Villen, um das Fluss- und Stadtpanorama zu genießen. Seit der Kolonialzeit residieren hier prominente New Yorker. Wer am meisten Glück hatte, ergatterte ein Anwesen mit Fenstern zur sich ewig wandelnden Skyline hin.

1950 auf einer erhabenen Plattform erbaut, diente die Promenade ursprünglich dem Zweck, den verkehrsreichen Brooklyn-Queens Expressway zu verbergen und den nostalgischen Charme des Viertels zu erhalten.

Die Spazierwege, Blumenbeete, Spielplätze und Bänke laden zum Flanieren, Joggen, Sonnenbaden, Lesen oder Picknicken ein. Auch Sinnlichkeit liegt in der Luft: Zahllose erste Dates führten zu Heiratsanträgen beim zweiten Ausflug hierher. Wer mit in diesen Film oder mit auf die Postkarte will, sollte unbedingt vorbeischauen.

Adresse Columbia Heights zwischen Joralemon Street und Grace Court, Brooklyn, New York 11201, Tel. +1 718.965.8900, http://nyharborparks.org/ | **Anfahrt** Subway: Clark St (2, 3); High St (A, C); Court St (R), Bus: B 25, B 26, B 38, B 41, B 45, B 52, B 61, B 63, New York Wassertaxi: Dumbo-Brooklyn Bridge Park | **Öffnungszeiten** täglich von Tagesanbruch bis 1 Uhr | **Tipp** Drei Blocks entfernt, in der 128 Pierrepont Street, liegt die »Brooklyn Historical Society«. Das denkmalgeschützte Gebäude im Queen-Anne-Stil stammt von 1881.

87 _ Die Ratten
Schräge Fassadenkletterer

Den meisten New Yorkern ist der starre Blick aus den Knopfaugen der hier besonders fetten Wanderratte nur zu vertraut. Man begegnet den Nagern, während sie Subwayschienen entlanghuschen oder im Müll aasen. Wie wild vermehren sich die wuselnden Krankheitswirte. Ein offizieller Bericht, der ihre Zahl auf aktuell zwei Millionen schätzte, rief bei vielen New Yorkern nur müdes Lächeln hervor: Sie glauben, dass in der Metropole mittlerweile so viele Ratten wie Menschen leben.

Pendler hasten in den zur Lexington Avenue gelegenen Eingang des Grand Central Terminal hinein und wieder heraus und erheben den Blick kaum über Straßenniveau. Aber tun Sie genau das einmal, halten Sie inne: Drei Ratten erklimmen drei schräge Streben über einem Baldachin, der das benachbarte Graybar Building beschirmt. Doch, tatsächlich: Die Streben ähneln dem Tauwerk eines Schiffes, und je eine gusseiserne Ratte hockt hilflos auf dem Seil, denn eine konische Falle über ihr hindert sie daran, weiterzuklettern. Schauen Sie noch näher hin, und Sie entdecken ein Rosettenmuster. Es handelt sich jedoch nicht um ein florales Ornament, sondern um gemeißelte Nagerköpfe, die nach außen blicken – wie aus einem Bullauge heraus.

Als das Graybar Building 1927 öffnete, war es das größte Bürohaus der Stadt und bot mehr Nutzfläche als jedes andere Gebäude der Welt; 12.000 Beschäftigte kamen hier unter – eine ganze Kleinstadt. Die Graybar Company war und ist eine Elektrofirma, was es umso kurioser macht, dass die Architekten zu maritimer Bildsprache samt Schiffsratten griffen. Vielleicht sollte an NYCs Geschichte als bedeutsame Hafenstadt erinnert und das Gebäude vom Grand Central abgehoben werden, wo die Schienen regieren.

Jahre später verschwand eine der Steinratten spurlos. Während die Restaurierung im Jahr 2000 das Detail ersetzte, ziehen Fans es vor, zu glauben, das fehlende Viech habe es endlich doch noch aufs Schiff geschafft.

Adresse 420 Lexington Avenue (zwischen East 43rd und 44th Street), New York 10170 |
Anfahrt Subway: Grand Central-42 St (4, 5, 6, 7, S), Bus: M1, M2, M3, M4, M42,
M101, M102, M103 | **Tipp** Im Apple Store in der »Grand Central Station« werden Sie zwar
keinen Ratten begegnen, dafür hält man dort ein Sortiment an hochwertigen Mäusen bereit.

88 — The Red Hook Winery
Winz it!

Neben Röstereien und Bäckereien finden Sie in einem alten Lagerhaus am Ufer eine Winzerei, die über 100 selbst angebaute Weine führt. Unmöglich? Mitnichten. Einst machte der Brooklyner Mark Snyder zwei Freunden, den legendären Napa-Winzern Abe Schoener und Robert Foley, ein Angebot, das sie beinahe abgelehnt hätten: Mit ihnen wollte er Rebensaft aus originär New Yorker Trauben anbauen. Schließlich nahmen die Freunde die Herausforderung an: Gemeinsam gründeten sie The Red Hook Winery – und führen heute ganz außergewöhnliche Tropfen.

Auf 15 verschiedenen Weingütern von Lake Seneca im Norden bis zu Long Island im Süden werden geerntete Trauben per Lkw angeliefert; die Stiele und Blätter werden entfernt, sie werden maschinell zerdrückt – manche gar zerstampft –, die Maische in Stahltanks vergoren und schließlich in teuren Eichenfässern aus Frankreich der Reifung überlassen. Zwei Jahre später wird der Wein in Flaschen abgefüllt. Jede Parzelle ist zwischen den Winzern Schoener und Foley aufgeteilt. Die Endprodukte erhalten so poetische Namen wie »Joe's Tears Red Wine« oder »One Woman Vineyard Sauvignon Blanc«.

Bei täglichen Weinproben kann sich hier jeder von New Yorks ureigenen Kulturreben überzeugen. Das rustikale Ambiente erinnert an kalifornische Weingüter; ein Team von jungen Experten ist Ihnen dabei behilflich, den Wein Ihres Gaumens zu ermitteln. Sagt Ihnen eine der Kostproben zu, bestellen Sie ein ganzes Glas, und chillen Sie gemeinsam mit den anderen Önophilen in der Lounge.

Im Oktober 2012 verwüstete Hurrikan Sandy das Weingut; 90 Prozent des Inventars gingen verloren, als das Gebäude in den steigenden Fluten versank, die Wasser unschätzbare Fässer hinfortspülten und Ausrüstung zerstörten. Mit Hilfe massiver Unterstützung der Gemeinden konnte der Wiederaufbau rasch bewältigt werden; schon ein halbes Jahr später machte Red Hook wieder Angebote, die kein Kenner ablehnen kann.

Adresse 175 Vandyke Street (Ecke Conover Street), Pier 41, Brooklyn, New York 11231, Tel. +1 347.689.2432, www.redhookwinery.com, info@redhookwinery.com | **Anfahrt** Subway: Smith–9 Sts (F, G), anschließend Bus: B 57, B 61 oder Ikea Ferry am Pier 11: Wall Street zum Fairway Market Stop | **Öffnungszeiten** Mo–Sa 11–17 Uhr, So 12–17 Uhr | **Tipp** Probieren Sie einen »swingle« – einen mit Schokolade überzogenen gefrosteten Limettenkuchen, bei »Steve's Authentic Key Lime Pies« in der Nähe.

89 — Renee & Chaim Gross Foundation

Monroe meets Freud

Aufragende Gestalten winden, tanzen, umschlingen sich im lichtdurchfluteten Atelier des Künstlers Chaim Gross. Schauspieler, Tänzer, Dichter oder Ballerinen könnten diese Marmor- und Holzformen sein, exzentrisches Volk, das einer Vernissage beiwohnt; die üblichen Verdächtigen und Lieblinge der Kunstszene im obligatorischen New Yorker Schwarz. Hinter der lärmenden Versammlung verhalten sich die Werkbänke, übervollen Schränke, Holzständer und Werkzeugwände so still wie zu Lebzeiten des Bildhauers. Und dies ist nur das Erdgeschoss eines wundersamen vierstöckigen Gebäudes unweit des Washington Square. Chaim Gross und seine Frau Renee lebten in den drei oberen Stockwerken und bestückten ihre Privatwohnung mit einer umfangreichen Kunstsammlung, die sie während ihrer 59 Jahre währenden Ehe anhäuften. An jeder Wand, auf jedem Regal und auf jeder Tischfläche des dritten Stocks erblicken Sie einzigartige Zeichnungen, Fotografien – etwa von Marilyn Monroe, Helen Keller, Sigmund Freud –, Skulpturen und Gemälde von Freunden und Zeitgenossen des Künstlerpaars – wie DeKooning, Grosz, Picasso, Leger oder Soyer. Amerikanische und europäische Meisterwerke mischen sich mit afrikanischen und ozeanischen Schnitzereien, präkolumbianischen und asiatischen Schätzen und Vitrinen voller seltener Steine, Hölzer, Ton- und Metallfiguren.

Im zweiten Stock werden zeitgenössische Installationen gezeigt, die von Gross und seiner Sammlung inspiriert sind. Im dritten Stock schließlich befindet sich auch ein moderner Salon, in dem Lesungen und Talkrunden stattfinden. In mancherlei Hinsicht macht die Foundation den Museen ernste Konkurrenz; man muss jedoch die Adresse kennen, um von diesem Kleinod überhaupt zu erfahren. Aktivieren Sie – wie das Ehepaar Gross – Freuds »unermüdlichen Lustsucher« in sich – und Sie finden her.

Adresse 526 LaGuardia Place (zwischen Bleecker und West Third Street), New York 10012, Tel. +1 212.529.4906, www.rcgrossfoundation.org | **Anfahrt** Subway: Bleecker St (6); W 4 St (A, B, C, D, E, F, M); Prince St (N, R), Bus: M 1, M 2, M 5, M 8, M 21, M 103 | **Öffnungszeiten** Do – Fr 13 – 17 Uhr oder nach Vereinbarung | **Tipp** »Die Familie«, eine Bronzestatue in der Bleecker und West 11th Street, schenkte Chaim Gross der Stadt – zu Ehren des Bürgermeisters Edward Koch.

90 Die Reste der Berliner Mauer

Kunst der Freiheit

Mehr als 20 Jahre lang stand ein gut dreieinhalb Meter hoher und sechs Meter langer Abschnitt der mit Graffiti übersäten Berliner Mauer im Freien, auf einer Grünfläche im Westentaschenformat – nicht zufällig »Pocket Park« genannt (siehe Bild). Büroangestellte, die hier ihre Mittagspause verbrachten, würdigen die geschichtsträchtigen Brocken oft kaum eines Blickes. Im Zuge eines umfassenden Konservierungs- und Restaurierungsprojektes wurden die stummen Zeitzeugen 2015 ein paar Schritte weiter untergebracht: in 520 Madison Avenue, in der eleganten Marmorlobby zur Seite 53rd Street hin.

Die schreiend bunten Darstellungen auf den grauen Monolithen stammen aus den Jahren 1984 und 1985 – und von Thierry Noir, einem Künstler, der damals in der Waldemarstraße in Berlin-Kreuzberg wohnte, als Nachbarn einen Abschnitt der Mauer. Gemeinsam mit den Künstlerkollegen Christophe Bouchet, Kiddy Citny und anderen befreundeten Revolutionären versuchte Noir, die furchteinflößende nackte Mauer mit cartoon-ähnlichen Darstellungen zu übertünchen, um sie weniger bedrohlich erscheinen zu lassen und schließlich dazu beizutragen, sie ganz zu zerstören. 1989, als die Mauer fiel, hatten sie die Westberliner Seite auf einer Länge von fünf Kilometern bepinselt und besprüht. Ihre eindringliche und provokante Bildsprache wurde in ganz Deutschland zum Symbol von Freiheit und Befreiung.

1990 erwarb Jerry Speyer, Präsident der Immobilienfirma Tishman Speyer, diese fünf Bruchstücke und ließ sie nach New York bringen. Den Untergang des Kommunismus in Deutschland feierte er, indem er den Überresten der Mauer einen Ruinenwert nach seinem Geschmack verlieh: Sie sollten mitten im Herzen des US-Kapitalismus den Rest ihrer steinernen Tage verbringen. Im Kult-Film »Der Himmel über Berlin« gibt es übrigens eine Szene, in der Thierry Noir der damals noch stehenden Mauer just jene Bilder der Freiheit aufmalt.

Adresse 520 Madison Avenue (East 53rd Street zwischen Fifth Avenue und Madison Avenue), New York 10022 | **Anfahrt** Subway: 5 Av/53 St (E, M); 51 St (6), Bus: M 1, M 2, M 3, M 4, M 50, M 101, M 103 | **Öffnungszeiten** täglich 24 Stunden | **Tipp** Weitere Bruchstücke der Berliner Mauer finden Sie am Eingang des »Intrepid Sea, Air & Space Museums«, zwischen Gateway Plaza und dem World Financial Center und in der Grünanlage des UN-Hauptquartiers.

91 Das Retro-Klo
Style is an attitude

Der Dame, die da meint »Stil kann nicht nur, sondern muss« – und die dann tatsächlich muss –, fällt es unterwegs oft nicht leicht, das geeignete Örtchen zu finden. Darum haben New Yorkerinnen eine ganze Karte von hygienisch unbedenklichen Toiletten im Kopf. Für Besucherinnen jedoch kann die Sache mit der Suche leicht zur alptraumhaften Mega-Blase anschwellen: Wie jede Metropole ist auch diese reichlich mit unglamourösen Aborten gesegnet. Wenn frau jedoch weiß, wo sie fündig wird, gerät das Bedürfnis glatt zum Genuss.

Barnes & Noble, Apple, das Rockefeller Center und ähnliche Horte des Luxus bieten alle angenehmen Stätten der Erleichterung. Auch in die Lobbys der Trendhotels braucht frau nur hineinzutänzeln und vorzugeben, ein Gast zu sein, um in den Genuss von Wellnessklosetts zu gelangen. In Greenwich Village muss die Dame ebenfalls keine Kinokarte erstehen, um auf dem Lokus des »Angelica Theater Café« Station zu machen.

Wen es jedoch in Midtown überkommt, der macht am besten einen kleinen Umweg zur Women's Lounge im dritten Stock von Bloomingdale's: eine Blasen-Oase ganz in Art-déco-Glamour gehalten, mit schimmernd weißen und samtschwarzen Marmorböden, edelgrauen Wänden, Waschtischen aus schwarzem Granit, Chromleuchten samt Leinenschattierung und vollilluminierten Spiegeln. Damit sich die Shopperin schönstmöglich erscheint, gibt es reichlich Schmeicheleinheiten: eine elegante Lounge am Eingang, um müde Füße auszuruhen, und eine Reihe von Vanity-Tables für die urbane Diva, um das Make-up aufzufrischen. Die lange Doppelphalanx von Porzellanbecken bietet absolut alles, um sich runderneuert wieder auf Straßenniveau zu begeben.

Doch halt! Damit frau nicht gänzlich vergisst, was sie eigentlich hergeführt hat, geleiten sie diskrete Vorräume zu den eigentlichen Toiletten. Wer diesen Tempel der Throne verlässt, sollte so entspannt sein, dass wieder alles kann, aber rein gar nichts mehr muss.

Adresse Bloomingdale's, 1000 Third Avenue (zwischen East 59th und 60th Street), New York 10022, Tel. +1 212.705.2000 | **Anfahrt** Subway: Lexington Av/59 St (4, 5, 6, N, Q, R); Lexington Av/63 St (F); Lexington Ave/53 St (E, M), Bus: M 1, M 3, M 4, M 15, M 31, M 57, M 101, M 102, M 103 | Öffnungszeiten Mo–Fr 10–20.30 Uhr, Sa 10–19 Uhr, So 11–19 Uhr | **Tipp** Auch Männer wollen verwöhnt werden: The Art of Shaving (141 East 62nd Street) – »Die Kunst des Rasierens« – ist ein Kaufhaus für den Herrn und widmet sich ganz seinen Rasier- und Frisierbedürfnissen.

92 __ Russian & Turkish Baths
Ein ordentlicher Schvitz

Wer ein New-Age-Wellness-Spa erwartet, das seine Kunden mit Sandelholzschwaden und dem Klang von Windspielen willkommen heißt, ist fehl am Platz. Ätherisch geht es hier nicht zu, eher geschäftig; oft wird man überhaupt nicht begrüßt. Das Badehaus von 1892 kommt ohne Schnickschnack aus und bietet dafür einen ordentlichen »schvitz«. Einwanderer aus Osteuropa pflegten hier nach langen Arbeitstagen die Haut vom Schmutz und Schmodder der Großstadt zu reinigen, sich die Sorgen des Alltags vom Leib zu schrubben, mit den »landsmen« im Dampfbad zu plaudern und im Café bei gefülltem Kohl heiße Neuigkeiten auszutauschen.

Noch immer befindet sich der alte Saunakomplex im Originalgebäude; einst war dieser Teil von East Village eine ukrainische Enklave. Trotz modernisierten Interieurs und einer breiter gefächerten Klientel – eine verrückte Mischung von Oldtimern und Hipster-Newcomern – ist sich das historische Bad erstaunlich treu geblieben: Es pflegt seinen russischen Akzent und nimmt sich nach wie vor ernst.

Tauschen Sie also Kleidung und Schuhe gegen Bademantel und Schlappen ein, schnappen Sie sich ein Handtuch und gehen Sie zu den Bädern, Schwitzstuben und Massagezonen. Ein Highlight bildet das Finale: ein Tauchbad in einem klirrkalten Pool. Die Umkleiden sind nach Geschlechtern getrennt, auch manche Sitzungen sind nur für Männer oder Frauen bestimmt. Meist jedoch geht es fröhlich gemischt zu. »Ist wie am Strrraaand«, sagt Mitinhaber Boris.

Reservieren muss hier niemand; wer vorbeikommt, darf baden gehen und auch sogleich Mitglied werden. Massagen (Schwedisch, Deep Tissue, Sport) und sonstige Extras (Nacken-Schulter-»Platzas« mit Eichenzweigen, Peelings mit Schlamm vom Toten Meer oder Seetang-Schrubbkuren) werden ebenfalls geboten – und alles zu einem recht anständigen Preis.

Das Café schließlich serviert Borschtsch, Würstchen und Klöße. Hier ist noch niemand hungrig dem Bade entstiegen.

Adresse 268 East 10th Street (zwischen First Avenue und Avenue A), New York 10009, Tel. +1 212.674.9250, www.russianturkishbaths.com, russianturkishbaths@gmail.com | **Anfahrt** Subway: 1 Av (L); Astor Pl (6); 8 St-NYU (N, R), Bus: M1, M2, M3, M8, M15, M101, M102, M103 | **Öffnungszeiten** Täglich geöffnet. Besuchen Sie die Webseite oder rufen Sie an, um die verschiedenen Badezeiten zu erfahren. | **Tipp** »Veselka« (144 Second Avenue) ist die ganze Woche über rund um die Uhr geöffnet; aufgetischt wird ukrainische Hausmannskost wie Piroggen, Challah oder Borschtsch.

93 Das Schomburg Center
Goldfund bei Malcolm X

Die namhafteste Studienbibliothek der USA, die Afro-Amerikanern, Afrikanern, ihrer Geschichte und Gegenwart gewidmet ist: Rund zehn Millionen Quellen und Exponate umfasst die Sammlung am Malcolm X Boulevard. Sollten Sie unüberschaubare Berge staubtrockenen Materials erwarten, dann machen Sie sich auf eine Überraschung gefasst.

Ob Sie nun Professor mit Fachgebiet »Harlem Renaissance« sind oder eine Seminararbeit über Marcus Garvey schreiben, ob Sie als Motown-Fan vorbeischauen oder lediglich als neugieriger Besucher: Galerien, Lesesäle und Forschungsressourcen stehen allen offen; je mehr Sie sich vertiefen, desto erstaunlicher werden Ihnen die Schätze erscheinen, die sich Ihnen hier öffnen.

1926 wurde eine afroamerikanische Sammlung, die dem puertoricanischen Gelehrten Arturo Schomburg gehörte, einer Zweigbibliothek in Harlem gestiftet, der »Abteilung Negergeschichte und -literatur«. Als ihr Ansehen wuchs, kamen weitere lokale, nationale und internationale Sammlungen hinzu. Seit 1980 finden Sie das Haus am heutigen Standort.

Fünf Untersammlungen stechen besonders heraus: Forschung und Quellen; Manuskripte, Archive und Raritäten; Kunst und Kunsthandwerk; Fotografie und Print; Bewegte Bilder und Aufgezeichneter Klang. Hier können Sie im Originalmanuskript von Richard Wright's Native Son oder in erhaltenen Tagebüchern von Sklaven blättern, sich den Ur-Blues anhören, Kunst von Benin bis Brooklyn betrachten, der Stimme von Malcolm X oder Etta James lauschen oder eine kenianische Zeitung lesen.

Bei Schomburg's finden auch anspruchsvolle wie unterhaltsame Themenabende, Talks, Workshops, Performances, Filmvorführungen und soziale Zusammenkünfte für Jung und Alt statt. Wo Sie hinschauen und wann Sie kommen mögen: Immer stoßen Sie in dieser Uptown-Kulturmine auf historische Lebensadern und auf wahres schwarzes Gold.

Adresse 515 Malcolm X Boulevard (zwischen West 135th und 136th Street), New York 10037, Tel. -1 212.491.2200, www.schomburgcenter.org | **Anfahrt** Subway: 135 St (2, 3), Bus: M1, M2, M7, M102 | **Öffnungszeiten** Mo 10–18 Uhr, Di–Do 10–20 Uhr, Fr–Sa 10–18 Uhr, So geschlossen | **Tipp** Gegenüber zeigt der »Harlem Hospital Mural Pavilion« restaurierte Darstellungen aus dem Alltag schwarzer Menschen. Die 1936 entstandenen Wandgemälde waren die ersten offiziellen Auftragsarbeiten für afroamerikanische Künstler in den USA.

94 __ Die Sheepshead Bay
Anbeißen im Atlantik

Ein kleines Fischerdorf in einer ruhigen Bucht, in der Enten und Schwäne übers Wasser segeln: Die Gegend wurde nach der Schafskopf-Meerbrasse benannt, die hier einst häufig vorkam. Im 19. Jahrhundert pflegte sich in diesen Gefilden eine vornehme Feriengesellschaft mit eigener Rennbahn. Zeuge jener Zeit ist eine hölzerne Fußbrücke hinüber zum Manhattan Beach.

Heute hört man hier morgens, mittags und abends Ausrufer am Pier Fischerpartien feilbieten – auf Booten mit Namen wie Sea Queen VII, Marilyn Jean IV oder Flamingo III. Auf jedem Dock stehen die Pläne und Preise in bunten Blockbuchstaben angeschrieben. Das ganze Jahr über durchkreuzen diese Boote die See in der Hoffnung auf einen guten Fang. Es beißen an – je nach Saison: Blaubarsch, Kabeljau, Flunder, Meerbrasse, Wolfsbarsch, zuweilen auch noch die Schafskopfbrasse.

Während Sie das ersehnte Ziehen an der Fischerleine kaum erwarten können, stehen neben Ihnen weitere Passagiere; sie setzen sich aus Stammausflüglern, Hobby-Anglern und eifrigen Möchtegerns zusammen, deren Kopfkino grandiose Posen mit Riesenexemplaren abspult.

Die Exkursion führt drei Meilen hinaus auf den Atlantik; sobald Sie zwischen Brise und Gischt die fischreichen Gewässer erreichen, heißt es: »Leinen runter!« – und das Warten beginnt.

Erwarten Sie aber keinen Vergnügungspark. Dies sind Arbeitsboote, meist ausgestattet mit modernster Elektronik, deren Captains und Mannschaften vom Fischen leben und ihre Passagiere, die Laien, als Zubrot und Beifang betrachten. Sollten Sie Anfänger ohne eigene Ausrüstung sein, bekommen Sie Ruten, Spulen und Köder gestellt, dazu tonnenweise Ratschläge. Sogar Ihre Fische werden hier gesäubert, filetiert und verpackt. Die Kreuzer sind kinderfreundlich und fahren bei jeder Witterung hinaus. Wer sich jetzt noch wetterfest anzieht und möglichst seine eigene Verpflegung mitbringt, braucht nur noch auf den Fang seines Lebens zu warten.

Adresse Emmons Avenue (zwischen East 21st und 28th Street), Brooklyn, New York 11235 | **Anfahrt** Subway: Sheepshead Bay (B, Q), Bus: B 4, B 36, B 49 | **Öffnungszeiten** Das ganze Jahr über tägliches Auslaufen; besuchen Sie die Webseiten der Fischerboote, um die Zeiten und Reservierungsauskünfte zu erhalten. | **Tipp** Nach einem Tag auf See schmecken die »clam chowder« – sämige Muschelsuppe – und andere Früchte des Meeres bei »Randazzo's Clam Bar« in der 21st Street besonders gut.

95 Das Skandinavienhaus
Graved Lachs bis Garbo

Das moderne Bürogebäude in Murray Hill hält eine Überraschung bereit: einen makellos designten Raum auf mehreren Ebenen, der das stolze Herzstück des Hauptsitzes der »American Scandinavian Foundation« bildet. Deren Mission ist es, den lebenssprühenden Geist nordischer Kulturen zu feiern und zu würdigen. Das Haus bietet Bildungs- und Kunsterfahrungen, die für viele New Yorker mit dänischen, finnischen, isländischen, norwegischen oder schwedischen Wurzeln eine wichtige Brücke zu ihrem Erbe schlagen, während USA-Besucher aus diesen Ländern nordisch frisch vorbeischneien, um ein Stückchen Heimat zu spüren.

1911 gründeten Amerikaner skandinavischer Abstammung die Stiftung für die wachsende Gemeinde von Einwanderern; es war die erste internationale Organisation, die ohne die Beteiligung einer Regierung ins Leben gerufen wurde. Sie verschrieb sich der Aufgabe, die »Völkerverständigung durch kulturellen Austausch« zu fördern, besorgte Stipendien für amerikanische und skandinavische Studenten, Dozenten und Künstler. Im Jahr 2000 öffnete das Scandinavia House seine Pforten – das Kronjuwel.

Die Bandbreite der Aktivitäten ist vielfältig; für alle Altersklassen und Interessen ist etwas dabei. Täglich oder wöchentlich stattfindende Events bilden ein veritables Smörgåsbord, ein reiches nordisches Kulturbuffet aus Filmvorführungen, Kunst- und Designausstellungen, Konzerten, Lesungen, Workshops und Sprachkursen. Das Angebot ist breit gefächert: So erfahren Sie etwas über die psychologische Wirkung der Kunst Edvard Munchs, den tragischen frühen Tod des Romanciers Stieg Larsson, Oscarnominierungen oder traditionelle isländische Stricktechniken.

Der Shop bietet Kleider, Schmuck und Ziergegenstände, während nebenan das Restaurant »Smorgas Chef« Graved Lachs und Köttbullar mit Preiselbeeren auf der Karte hat, zu denen Sie unter den silbrigen Zweigen einer Birke an Ihrem Wein oder Bier nippen. Skol!

Adresse 58 Park Avenue (zwischen East 37th und 38th Street), New York 10016, Tel. +1 212.879.9779, www.scandinaviahouse.org, info@amscan.org | **Anfahrt** Subway: Grand Central-42 St (4, 5, 6, 7, S); 33 St (6), Bus: M 1, M 2, M 3, M 4, M 5, M 34, M 42, M 102, M 103 | **Öffnungszeiten** Mo–Sa 11–22 Uhr, So 11–17 Uhr, besuchen Sie die Webseite, um die Zeiten für die Galerie, die Bibliothek und spezielle Events zu erfahren | **Tipp** Gegenüber der Park Avenue liegt die »Church of Our Saviour«, eine neoromanische Kirche mit exquisitem Schnitzwerk und Skulpturen. Auch die Sonntags-Choräle um elf fallen himmlisch aus.

96 The Slave Galleries
Schreiende Stille

Die steilen Stufen hoch und mühsam wieder zu Atem kommen: Sie befinden sich ganz oben in der Bischofskirche St. Augustine in einer Sklavengalerie, einer Einrichtung, die einst als Instrument rassistischer Unterdrückung diente. Afroamerikanische Kirchgänger durften sich, nach Geschlechtern getrennt, nur in dieser beengten Dachkammer aufhalten und auf einem Holzboden kauernd am Gottesdienst teilnehmen. Den fernen Altar sahen versklavte wie freigelassene Schwarze lediglich durch schmale Fenster einer Wand. So blieben sie für die weiße Gemeinde, die in den Bänken unter ihnen betete, unsichtbar.

Es mag überraschen, dass New York während der Kolonialzeit die nördliche Hauptstadt des Sklavenhandels gewesen ist – mit einer in weit schlimmerem Ausmaß geknechteten Bevölkerungsschicht als in den meisten Städten des Südens. Prominente Bürger betrieben Menschenhandel und profitierten von der kostenlosen Fron. Erst 1827 verbot New York diese Praxis. Die Emanzipation der ehemaligen Sklaven ging langsam vor sich; die schwarze Bevölkerung litt noch lange unter Diskriminierung und Rassentrennung.

St. Augustine öffnete 1828 ihre Pforten. Obwohl die Sklaverei ein Jahr zuvor abgeschafft worden war, ist es wahrscheinlich, dass die vier Galerien im Obergeschoss angelegt worden sind, um den Weißen den Anblick der Schwarzen zu ersparen.

Heute betet hier die größte schwarze Gemeinde der Lower East Side. Über viele Generationen wurde die Galerie nicht einmal erwähnt; niemand ging hier hoch. Heute widmet sich das »Slave Gallery Project« der Erhaltung des »heiligen Raumes«. In enger Zusammenarbeit mit dem »Lower East Side Tenement Museum« wird der lebendige Dialog der Religionen und ethnischen Volksgruppen gesucht – ein Modellprojekt der »Museen des Gewissens«.

Wie die meisten afroamerikanischen Erzählungen ist auch die Geschichte der Sklavengalerie nur mündlich überliefert. St. Augustine hört endlich zu.

Adresse 290 Henry Street (zwischen Montgomery und Jackson Street), New York 10002, Tel. +1 646.312.7560, www.staugnyc.org, info@staugsproject.org | **Anfahrt** Subway: East Broadway (F), Bus: M 9, M 14, M 15, M 21, M 22 | **Öffnungszeiten** nur nach Vereinbarung, bitte rufen Sie an, um eine Besichtigung auszumachen | **Tipp** An der nahe gelegenen »Bialystoker Synagogue« war eine Station der »Underground Railroad«. Ein geheimes Netzwerk von Helfern ermöglichte Sklaven ein Entkommen in die Freiheit.

97 Der Small Dog Run
Besser als der Zoo

Eine Oase für Vier- und Zweibeiner: Die Promenade entlang des East River, die an den üppig grünen Carl Schurz Park angrenzt, ist ein beliebtes Erholungsgebiet, in dem Herrchen und Frauchen der Upper East Side und ihre haarigen Begleiter sich gern mit ihresgleichen treffen. Hier dürfen auf Wohlanständigkeit innerhalb der Stadtwohnungen getrimmte Niedlich-Rassen endlich den Hund rauslassen und einander ohne Leine übermütig und schwanzwedelnd beschnuppern, Tennisbällen nachjagen, toben und tollen, was das Herz begehrt.

Die Flusspromenade betreten Sie am besten, indem Sie sich auf der East 84th Street so weit östlich wie möglich bewegen, an der East End Avenue vorbei. Direkt vor Ihnen öffnet sich ein atemberaubender Blick auf den Fluss; ein paar Schritte davon liegt der Hündchenauslauf, ein gepflegtes, gepflastertes Areal, das mit fließendem Wasser, Abflüssen, Wasserschüsseln, Kotschaufeln und -tüten ausgestattet ist. Zuweilen liegt dort auch vergessenes Spielzeug. Ein niedriger Zaun mit Sicherheitstor umschließt die ovale Auslauffläche. Holzbänke säumen die Innenseite des Zaunes, auf denen sich Hundebesitzer aller Alterklassen und Rassen über Daisys neuen Friseur oder den aktuellen Klatsch austauschen. Jenseits des Zauns stehen Minitribünen, von denen aus große Kinderaugen die ausgelassenen Späße der Chihuahuas, Shih-Tzus, Lhasa Apsos, Spitze, Pudel und anderer Zwergrassen verfolgen.

Obwohl der Park mit seinen sanften Hügeln ganz in der Nähe liegt, werden Sie sich nur schwer von der Hündchen-Arena losreißen können. Manch Einheimischer findet das tägliche Spektakel besser als den Zoo. Nehmen Sie am besten ein kleines Kind oder das Buch mit, an dem Sie gerade lesen, denn Sie werden hier eine Weile bleiben. Insider allerdings raten, allein herzukommen und sich mitten unter den Zoo von Hunden und Menschen zu mischen: Es könnte der Beginn einer wunderbaren Freundschaft sein.

Adresse »Small Dog Run« im Carl Schurz Park, East River Promenade (zwischen der East End Avenue und dem East River), New York 10028, www.carlschurzparknyc.org | **Anfahrt** Subway: 86 St (4, 5, 6), Bus: M31, M15, M79, M86 | **Öffnungszeiten** täglich von Tagesanbruch bis zur Abenddämmerung | **Tipp** Verlieben Sie sich in den Vierbeiner Ihres Lebens im »NYC ASPCA Pet Adoption Center« (424 East 92nd Street).

98 Smorgasburg
Feines, Hype und Lobgesang

Ein Phänomen für Feinschmecker direkt am Flussufer Brooklyns: Fahren Sie mit der Linie L bis zur Bedford Avenue, und folgen Sie der Prozession hungriger Hipster. Kommen Sie mit leerem Magen, genug Barem – und mit Ihrer coolsten Sonnenbrille.

Jeden Samstag von April bis November finden sich mehr als 100 Anbieter aus Brooklyn und Umgebung auf einem Parkplatz in Williamsburg zusammen – sonntags auch im Brooklyn Bridge Park –, um ein Festbankett aus allen nur erdenklichen Delikatessen anzurichten, mit Spezialitäten aus der ganzen Welt. Gaumenkitzel garantiert.

Da die beliebtesten Leckerbissen schnell ausverkauft sind, kommen Sie am besten vor eins und checken die Stände reihenweise, um Ihrer Nase einen Überblick darüber zu verschaffen, was die Theken und Bratroste hergeben. Lassen Sie Revue passieren, was sich Ihnen verlockend ins Riechhirn brutzelt, und erhaschen Sie hier und da eine Gratiskostprobe. Dort, wo sich Schlangen bilden, zahlt es sich aus, zu fragen, auf welches überirdische BBQ-Hummerbrötchen es sich denn hier so lange zu warten lohnt.

Überwältigend sind die Auswahl schmackhafter Schmankerln und das Raffinement der Köche, oft Junggenies. Viele kulinarische Ideen kommen hier zur Welt. Veganer wie Fleischfreunde verputzen ungehemmt mexikanische *elotes*, belgische *Fritten*, puerto-ricanische *mofongos* und *tostadas*, Ramen-Burger, Brezeln im Speckmantel, gegrillte Sardinen, Pickles, Marshmallow-*S'mores*, Macarons oder Eis am Stiel. Vielfältige Softdrinks und Alkoholika helfen dabei, die gesammelten Sünden hinunterzuspülen.

Obwohl der Blick auf Manhattan spektakulär ist, werden Sie mehr Zeit damit verbringen, Leute zu beobachten. Hier tummeln sich bemerkenswerte Gestalten jeglicher Couleur, darunter viele ultrahippe Brooklyner; die Atmosphäre ist entspannt. Ob Sie auf einer Sitzbank oder leger im Gras sitzend hineinbeißen: Immer sind Hummerbrötchen & Co apokalyptisch gut.

Adresse 90 Kent Avenue (zwischen North 7th und 8th Street), Brooklyn, New York 11249, www.brooklynflea.com/markets/smorgasburg/ | **Anfahrt** Subway: Bedford Av (L), Bus: B 32, B 62, East River Ferry: E 34th St, Manhattan to N 6th St, Williamsburg | **Öffnungszeiten** April – Nov. Sa 11 – 18 Uhr (bei Regen wie Sonnenschein) | **Tipp** »Artists and Fleas« in der Nähe verkauft einen wilden Mix aus altem und handgemachtem Schmuck, Kleidung und Kunst.

99 Die Sonntagsmesse in Harlem

Soulfood pur

Viele der aktuellen R&B-, Soul- und Hip-Hop-Stars haben ihre Stimmen zum ersten Mal erhoben, als sie noch Stimmchen gewesen sind – im Gospelchor. Sind doch Harlems Kirchen vitale Zentren des sozialen und spirituellen Lebens, in denen sich die Mitglieder meist schwarzer Gemeinden im besten Sonntagsoutfit versammeln, um zu beten und miteinander zu singen. So dynamisch erdröhnen die Chöre der frommen Jubelfeiern, dass sie zur Touristenattraktion avanciert sind. Nicht allen jedoch ist es recht, wenn ihre Gotteshäuser vollgepackt sind mit Touris im Rockkonzert-Modus, die »eine dieser Shows sehen« wollen.

Eine Ausnahme macht hier »Convent Avenue Baptist Church«: Wer um acht oder elf zum Sonntagsgottesdienst erscheint, wird freundlich begrüßt und erhält das Programm samt Erbauungsheftchen, in denen die Kirche und ihre Mission beschrieben sind. Bei der Konkurrenz werden Sie gern auf separate Plätze verwiesen, nicht so hier: Sie dürfen sich hinsetzen, wo Sie möchten; sogar ein Teil der Messe widmet sich den Neulingen, bittet sie, aufzustehen und sich von der ganzen Versammlung begrüßen zu lassen.

So zentral ist die Musik für die Zeremonie, dass eines der bedeutendsten Mitglieder des Klerus derjenige ist, der hier die Playlist zusammenstellt: Von einer Empore direkt über dem Altar aus lässt der renommierte Chor seine Lobgesänge erschallen. Traditionelle Weisen und ekstatisch geschmetterte Hymnen, die förmlich das Dach vom Haus fegen, wechseln einander ab. Zwei Stunden dauert ein solcher Gottesdienst, dann kann auch die beste Kehle nicht mehr. Zwischendrin aber werden Lesungen, Ansprachen und die herzerwärmende Predigt stets von außergewöhnlichen Vokalisten untermalt. Wer seinen Sonntag mit erhebendem Gefühl beginnen und etwas über die Wurzeln der Popkultur am eigenen Leibe erfahren möchte, gönne sich diese »Show« –, die am besten umschrieben ist mit »Soulfood pur«.

Adresse 420 West 145-h Street (zwischen Convent und St Nicholas Avenue), New York 10031, Tel. +1 646.698.5100. www.conventchurch.org, contactcabc@conventchurch.org | **Anfahrt** Subway: 145 St (A, B, C, D, 1), Bus: M 3, M 4, M 5, M 10, M 100, M 101 | **Öffnungszeiten** So 8 Uhr und 11 Uhr | **Tipp** Der wunderbar grüne Campus des »City College« (Convent Avenue, von der 130th bis zur 141st Street) ist die Alma Mater von gleich zehn Nobelpreisträgern.

100 Street-Art mit Skyline
High Line, High Life

Ein Besuch, und Sie wissen, warum es alle so magisch zur Hochbahntrasse der High Line zieht: Eine drei Kilometer lange Promenade auf einem stillgelegten Abschnitt erstreckt sich von Meatpacking District bis Chelsea. Während sie sich an Wohnblocks und alten Fabriken vorbeiwindet, bieten sich Ihnen unvergleichliche Aussichten auf den Fluss und die Skyline – von einer ungewöhnlichen Warte aus: Höhe zweiter Stock. Zwischen Zierpflanzungen ergeht sich die zeitgenössische Kunst in einem Dialog mit der Natur.

Ins Blickfeld rücken haushohe Gemälde wie Ed Ruschas gigantisches »Honey I Twisted Through More Damn Traffic Today« oder Charles Hewitts Skulptur »Urban Rattle«. Thomas Vuilles' unverkennbare fette gelbe Katze grinst die Hochbahngänger an, als hätte sie den sprichwörtlichen Kanarienvogel gefressen, während Jordan Battens fließender Akt zu den Vibes seines wirbelnden Rooftop-Paintings darunter tanzt.

Gebäude von Superstars der Architektur schießen aus dem Boden, während sich unterhalb Garagen, vernagelte Mietshäuser und Kellerbars die Straßenseiten mit In-Boutiquen, Trendläden, Top-Fresstempeln und Galerien teilen. Gallery-Hopping allerdings ist beinahe überflüssig: Die Kunst kommt hier von außen.

So haben in der 24th Street und Tenth Avenue die Franzosen JR und Jose Parlá of Cuba ein markantes Larger-than-life-Gemälde einer alten Frau an die Wand geworfen, Teil ihres »Wrinkles of the City, Havana«-Zyklus – Porträts kubanischer Menschen mit revolutionsgegerbten Gesichtern. Weiter nördlich verblüfft Eduardo Kobras kolossale Interpretation von Alfred Eisenstaedts »Victory Day«: »Times Square Kiss«. Das berühmte Paar explodiert förmlich in einer Salve von Farben über einer Stadtansicht von exakt 1945 – komplett mit Straßenbahn, alten Limousinen und Fedoras.

Aus jedem Winkel ploppen Ihnen neue Eindrücke entgegen: eine stets sich wandelnde Landschaft in einer stets sich wandelnden Stadt.

Adresse a) Gansevoort bis West 24th Street zwischen 10th und 12th Avenue, New York 10011, b) West 25th Street bis 34th Street zwischen 10th und 12th Avenue, New York 10001 | **Anfahrt** Subway: 8 Av (L); 14 St (A,C,E); 23 St (C, E); 34 St-Penn Station (A, C, E), Bus: M 11, M 14, M 23, M 34 | **Tipp** Schlürfen Sie in der Abenddämmerung Cocktails vom Feinsten in der ultra-coolen »Standard Hotel« Rooftop-Bar (848 Washington Street), von wo aus man einen atemberaubenden Blick auf die Skyline, die High Line, den Hudson River und weit jenseits davon genießt.

101 Trapeze School NYC
Hals über Kopf

Mit Blick auf Freedom Tower und Freiheitsstatue mal eben am Trapez vorbeifliegen – *kopfüber* und mit rasendem Herzen, hoch droben über dem Hudson River Park an Pier 40?

Kein Problem. Tragen Sie sich für einen Anfängerkurs ein. In einer Gruppe von neun weiteren Nervösen treffen Sie auf einen abenteuerlichen Mix aus Touristen und echten New Yorkern – Geburtstagskinder, kichernde Pärchen, Adrenalinjunkies, Phobienbekämpfer und Kinder, denen der Spielplatz nichts mehr sagt.

Ohne Schuhe, aber mit Kreide an den Händen besteigen Sie eine schmale Leiter bis zu einer Plattform in sieben Metern Höhe, wo Sie ein Trainer erwartet. Trotz der Sicherheitsnetze und dem Geschirr um die Taille herum, das zu Seilen in den Händen des Trainers führt, ist Ihnen das Ganze noch keineswegs geheuer. Ihr Trainer wird Sie nun mit Tricks dazu bringen, »Ihre Hüften um zehn Grad nach vorn zu lehnen«, sich die Trapezstange, die schwerer ist, als Sie denken, mit einer Hand zu schnappen, dann mit der anderen – und schließlich diesen unvergesslichen ersten Sprung zu wagen.

Vier- bis fünfmal dürfen Sie fliegen; dazwischen gibt es am Boden weitere Anweisungen. Wenn der zweistündige Kurs endet, beherrschen Sie bereits den Kniehang und den Rückwärtssalto; selbst mitten in der Luft aufgefangen worden sind Sie.

Wundern Sie sich nicht, Bürotypen mit Krawatte zu begegnen, die dort um die Mittagszeit herumfliegen: Der Sport wird zur besseren Teambildung eingesetzt. Auch Stars lassen sich gern kunstgerecht verschaukeln; in TV-Serien wie »Sex and the City« und »Modern Family« sind diese Trapeze bereits durch die Lüfte geflitzt, und Hugh Jackman hat hier für seine Rolle in »Wolverine« Stunden genommen.

Genauso viel Bauchkitzel vermittelt die Location am East River, am South Street Seaport's Pier 16. An beiden Orten ist der Blick auf die Skyline überwältigend und die Gelegenheit einmalig, sich Hals über Kopf in New York zu verlieben.

Adresse a) Pier 40, 153 West Street (zwischen West Houston und Clarkson Street), New York 10014; b) Fier 16, South Street (Ecke Fulton Street), New York 10038, Tel. +1 917.797.1872, http://newyork.trapezeschool.com, info@trapezeschool.com | **Anfahrt** Subway: Houston St (1), Bus: M 8, M 20, M 21 | **Öffnungszeiten** Mai–Okt. täglich 10–22.30 Uhr | **Tipp** Die weitläufigen, gepflegten Wege und Rasenflächen des Hudson River Park bieten sensationelle Ausblicke auf Fluss und Hafen.

102 Das Traumhaus
Good vibes

Klingeln Sie im dritten Stock, erklimmen Sie die Stufen, ziehen Sie die Schuhe aus. Wabern Sie mit dem Weihrauchduft in einen Raum hinein, den warmes Magentalicht sündig badet. Er ist kahl, Kissen liegen verstreut auf weichem Teppichboden. Sanfte Vibrationen stimulieren Ihren Körper. Der Ort ist so trunken von Licht und Klang, dass Sie sich niederlassen, um mit allen Sinnen die Eindrücke in sich aufzunehmen. Vorn lädt ein Schrein für Hindu-Sänger Pandit Pran Nath zur Meditation; hinten verströmen Fenster gedämpfte Transparenz. Schnörkelwerk, das von der Decke herabhängt, wirft Schattenspiele an die Wände. Er zieht, der Sog der Transzendenz.

Beim »Dream House« der MELA Foundation handelt es sich um eine Zusammenarbeit des Avantgarde-Komponisten Le Monte Young und seiner Frau, der Künstlerin Marian Zazeela. MELA steht für »Music, Eternal Light and Art« und ist zugleich Sanskrit für »Harmonie«. Youngs »Klangwellen« entstehen aus dem Studium von Harmonik, Frequenzen und der traditionellen indischen Gesangstechnik. Nahtlos gehen sie in Zazeelas symmetrische Kompositionen aus schwingendem Licht und Farbnuancen über: ungesehene Farbübergänge, tanzende Formen, dreidimensionale Schatten. Ein schmaler Gang führt zu einem noch kleineren, magentasatten Raum von beinahe erotisierend intimer Atmosphäre: »Sammeln!« dringt es hier in alle Poren. Vertiefen, versenken, vereinen mit allem! Und atmen!

1969 wurde das Traumhaus als kurzlebiges Exponat in München ersonnen; ist oft umphantasiert worden, reinkarniert, hat vor seiner endgültigen Installation 1993 die Galerien der Welt gesehen. Das Künstlerpaar gehörte zu den Ersten, die das einst schäbige Tribeca in ein loftiges Downtown-Paradies zu verwandeln begannen.

Es finden Konzerte, Kurse und Gespräche statt, an denen Komponisten, Künstler, Philosophen und spirituelle Lehrer teilnehmen. Hier gibt es keine Ausrede mehr: Schmelzen Sie Ihr Selbst dahin!

Adresse 275 Church Street (zwischen Franklin und White Street), New York 10013, Tel. +1 212.925.8270, www.melafoundation.org, mail@melafoundation.org | **Anfahrt** Subway: Franklin St (1); Canal St (A, C, E, J, N, Q, R, Z, 6), Bus: M 5, M 20, M 22 | **Öffnungszeiten** Mi – Sa 14 – 24 Uhr | **Tipp** Ein Foto vom FDNY (New York Fire Department) »Hook & Ladder 8« lässt sich in der 14 North Moore Street schießen – in jener Feuerwache, die in »Ghostbusters« als Hauptquartier diente.

103 Tudor City
Utopia des Jazz Age

Eine Stadt in der Stadt; gegenüber dem UN-Gebäude thront der Häuserkomplex Tudor City auf Granitfelsen. In den 1920er Jahren wurde er in Anlehnung an den Tudorstil mit Elementen der Neugotik und der Neorenaissance als ein »urbanes Utopia« erbaut, das zugleich den Altwelt-Charme englischer Herrenhäuser verströmte. Als größtes Wohnungsbauprojekt der Zeit bot Tudor City Mietern aus der Mittelschicht, für die die neuen Domizile attraktiv sein sollten, besondere Annehmlichkeiten. Viele von ihnen zog es schon länger aus den Häuserschluchten in die Vorstädte ins Grüne. Aber warum so weit fliehen? Auf einem Hügel, an dem bis dahin Mietshäuser und Baracken gestanden hatten, riss Bauunternehmer Fred. F. French jedes Gebäude außer einer 1871 erbauten presbyterianischen Kirche ab und zog eine in sich geschlossene Siedlung aus zwölf Apartmenthäusern hoch samt Privatgärten, einem Miniatur-Golfplatz, Tennisplätzen, öffentlichen Parks, Geschäften, einem Hotel und Restaurants. Sie wurde so designt, dass sich nahezu alle Fenster zur Skyline Manhattans hin öffneten, um dem Anblick der Fabriken am Fluss und dem Gestank eines Schlachthofs unterhalb des Felsens an der First Avenue den Rücken zu kehren.

Heute, unter dem Neonschild des Jazz Age, das »Tudor City« in die Nacht strahlt, wohnen in den schlanken Hochhäusern mit Namen wie Windsor, Woodstock, Prospect, Tudor und The Manor mehr als 5.000 Menschen. Viele der Apartments bieten atemberaubende Ausblicke auf Midtown inklusive Empire State Building und Chrysler Building. Wege, Parks, ein Garten und ein Kinderspielplatz sichern noch immer das wertvolle Grün inmitten des Asphaltdschungels – eine Enklave wie aus der Zeit gefallen.

Daher liegt Tudor City heute auch recht versteckt, was ungemein zu seinem aparten Reiz und seiner geschätzten Exklusivität beiträgt. Ausnahmsweise eine Utopie, die sich rühmen kann, einigermaßen wahr geworden zu sein.

Adresse von der East 41st Street bis zur East 43rd Street (zwischen First und Second Avenue) | **Anfahrt** Subway: Grand Central-42 St (S, 4, 5, 6, 7), Bus: M 42, M 15, M 101, M 102, M 103 | **Tipp** Ein idealer Ort, um spektakuläre Fotos vom Empire State und Chrysler Building zu machen. Die Nähe zum Sitz der Vereinten Nationen sorgt für einen Extra-Bonus: Eine aufregende Vielzahl von ethnischen Restaurants tischt dem internationalen Mitarbeiterstab der UN auf.

104 Visible Storage im Met
Tag der Geheimtür

Ein Museum im Museum: Obwohl seit 1988 geöffnet, kennen nur wenige das »Luce Center for the Study of American Art«. Findet dennoch jemand hin, kann es gut sein, dass er an diesem Tag der einzige Besucher ist, der neugierig durch die Räume streift. Dabei lohnt es sich: Nehmen Sie im Erdgeschoss, rechts von der neoklassizistischen Fassade des »American Wing«, des Amerikaflügels, den Glasaufzug, und fahren Sie bis Level M: Gang für Gang erstrecken sich vor Ihnen beleuchtete Schaukästen vom Boden bis zur Decke in alle Richtungen. In jedem ist eine überwältigende Anzahl von amerikanischen Kunst- und Ziergegenständen untergebracht. Es handelt sich dabei nicht um eine Ausstellung, sondern um »offene Lagerung«. Nahezu jedes Objekt, das nicht in den öffentlichen Galerien und historischen Abteilungen zu sehen ist, befindet sich hier: Gemälde, Skulpturen, Möbel, Holzschnitzereien, Uhren, Silber, Glas, Keramik. Der größte Teil der amerikanischen Sammlung lagert in Wahrheit hier.

Im Labyrinth der Vitrinen verbergen sich knapp 10.000 Einzelstücke, die nach Typ, Material, Chronologie und Form sortiert und in der Datenbank der Sammlung akribisch katalogisiert sind. Touchscreen-Monitore am Ende fast jedes Schaukastens geben einen Schnellüberblick über das Gezeigte; wer es genauer wissen möchte, kann sich an den Computerterminals informieren. Geben Sie den Begriff »Kerzenleuchter« ein, und Ihnen wird jeder Kerzenleuchter der Sammlung angezeigt. Berühren Sie die Fotos und die Karte, um mehr zu erfahren.

Bevor Sie gehen, schauen Sie sich die vermeintliche Tapete am Eingang des Luce Center an: Tatsächlich handelt es sich um eine Collage aller hier aufbewahrten Kunstgegenstände. Wer da war, weiß es: Es ist ein ganz besonderes Gefühl, Tausende von faszinierenden Artefakten meist ganz für sich zu haben. Jeder Wochentag ist nicht nur ein Tag der offenen Lagerung, sondern auch ein Tag der offenen Geheimtür.

Adresse 1000 Fifth Avenue (zwischen East 80th und 84th Street), New York 10028, Tel. +1 212.535.7710, www.metmuseum.org | **Anfahrt** Subway: 77 St (6); 86 St (4, 5, 6), Bus: M1, M2, M3, M4, M5, M79, M86 | **Öffnungszeiten** So–Do 10–17.30 Uhr, Fr–Sa 10–21 Uhr | **Tipp** Gesellen Sie sich zu den Galleristas und zum Societyvolk in der Espressobar des eleganten Mailänder Cafés »Sant Ambroeus« Ecke 78th Street und Madison Avenue.

105 Der wahre Pu
Ein umstrittener Naschbär

Sie mögen denken, er wohne im »Hundert-Morgen-Wald«, aber der wahre Pu der Bär lebt glücklich im »Children's Center« in der Hauptabteilung der »New York Public Library«, der öffentlichen Bibliothek – zusammen mit Känga, Ferkel, I-Aah und Tiger.

Jahre vor seiner Neuerfindung in den Trickfilmstudios Disneys gehörte der rundliche Teddybär einem echten englischen Jungen namens Christopher Robin Milne. Sein Vater schenkte ihm das Plüschtier zu seinem ersten Geburtstag. Christopher nannte ihn Edward – die korrekte Form von Teddy –, änderte dies jedoch später in Winnie um, denn so hieß ein Schwarzbär im Londoner Zoo.

Christophers Vater nun, der Dramatiker A. A. Milne, sah seinen Sohn mit Winnie und seinen Kuscheltierfreunden so gern spielen, dass er Geschichten über sie zu erfinden begann. Darin erlebte ein Junge namens Christopher Robin gemeinsam mit seinem Gefährten Pu und seinen tierischen Kumpeln in einem Wald, der den Wäldern nahe des Landhauses der Milnes ähnelte, Abenteuer. Als die Abenteuer sich auszudehnen begannen, kamen Gedichte hinzu; schließlich fertigte Illustrator E. H. Shepard die Zeichnungen für vier Bücher Milnes an, die zwischen 1924 und 1928 erschienen. Eine Spontansensation, die später Übersetzungen in viele Sprachen zur Folge hatte, in den 1950er Jahren auch erstmals ins Deutsche.

1947, als die Geschichten die USA erreichten, tourte auch der wahre Winnie durchs Land. 1987 stiftete US-Verleger E. P. Dutton ihn zum Entzücken der Amerikaner der New Yorker Bibliothek, was allerdings den Zorn vieler Briten erregte; es wurden sogar Versuche seitens Parlamentsmitgliedern unternommen, das umstrittene Bärchen zurückzuholen. Vergeblich.

Pus Charme triumphierte über die Streitigkeiten und erobert bis heute die Herzen aller Kinder jeglichen Alters. Besuchen Sie ihn und ein Foto des echten Christopher mit Daddy von 1926. Und vergessen Sie nicht, einen Honigtopf mitzubringen.

Adresse Children's Center in der New York Public Library, Fifth Avenue Ecke 42nd Street, New York 10018, Tel. +1 917.275.6975, www.nypl.org | **Anfahrt** Subway: 42 St-Bryant Park (B, D, F, M); 5 Av (7); Grand Central-42 St (4, 5, 6), Bus: M 42, M 1, M 2, M 3, M 4, M 5, M 6, M 7 | **Öffnungszeiten** Mo, Fr und Sa 10–18 Uhr, Di und Mi 10–19.30 Uhr, So 13–17 Uhr | **Tipp** Mehr als 15 Millionen Einzelstücke befinden sich in der Hauptabteilung der New York Public Library. Hier sind alle Exponate kostenlos zu besichtigen – und so eindrucksvoll wie eintrittspflichtige Schaustücke anderer berühmter Museen. Sehenswert: der Kartenraum, die Menüsammlung und die echte Gutenberg-Bibel.

106 Wave Hill
Bitte, die Bronx?

Erstaunlich: Die Bronx, sonst weniger bekannt fürs Beschauliche bis Besinnliche, beherbergt eine gut elf Hektar große ländliche Oase, die rund ums Jahr geöffnet ist. Wave Hill, nur einen Sprung weit nördlich von der Insel Manhattan gelegen, ist der Ort, um dem Chaos des Alltagslebens in der Metropole zu entkommen. Hier können Sie den Nachmittag in einem bequemen Gartenstuhl an der frischen Luft verschmökern, verdösen, verträumen. Vielleicht spielt sogar ein Streichquartett auf der Terrasse, begleitet von fröhlichem Kinderschrei. Der grandiose Blick geht hinaus auf den Hudson River und die fernen New Jersey Palisades.

Wave Hill, 1843 als Landhaus erbaut, gehörte über die Jahre mehreren Eigentümern, die es restaurierten und ausbauten. Bevor es 1960 zum öffentlichen Erholungsgebiet wurde, hatte es illustre Gäste, die es als Sommerresidenz mieteten, darunter Mark Twain und Arturo Toscanini. Es heißt auch, es habe die lebenslange Naturliebe des jungen Teddy Roosevelt inspiriert. Heute ist der Ort im Nationalregister historischer Stätten gelistet.

Wenn Sie Ihre Tagträume kurz unterbrechen und auf Erkundungstour gehen mögen, machen Sie sich auf und wandern Sie die langen, gewundenen Wege entlang, spazieren Sie durch prächtige Gärten – manche gepflegt, manche wild –, entdecken Sie Treibhäuser, Terrassen und Pergolen. Sollte Sie die Wanderlust überkommen; es liegen vier Hektar Land mit schattigen Waldpfaden vor Ihnen.

In eleganten und aufwendig restaurierten historischen Gebäuden, einst private Anwesen, sind verschiedene Ausstellungen untergebracht, finden Bildungs-, Familienworkshops und diverse Events der bildenden wie darstellenden Künste statt.

Im Geschenkeshop lässt sich der Trademark-Gartenstuhl der Anlage fertig oder zum Selbstbauen erwerben, und im Café schließlich lässt sich auch der Rest Ihrer Sinne aufs Köstlichste füttern – mitten in der Bronx.

Adresse West 249th Street und Independence Avenue, Bronx, New York 10471, Tel. +1 718.549.3200, www.wavehill.org | **Anfahrt** Subway: W 242 St (1), Bus: aus Manhattan: BXM 1, BXM 2; aus der Bronx: BX 1, BX 7, BX 9, BX 10, BX 12, Metro-North: Riverdale Station | **Öffnungszeiten** 1. Nov.–14. März Di–So 9–16.30 Uhr; 15. März–31. Okt. Di–So 9–17.30 Uhr | **Tipp** Die Riverdale Waterfront Promenade und Fishing Site (Anglerplatz) schmiegen sich ans Ufer des Hudson, nur ein paar Schritte vom Bahnhof Riverdale Metro-North entfernt.

107 — Weehawken Street
Kerle im Schatten

Christopher Street Richtung Westen: Halten Sie Ausschau nach der winzigen Weehawken Street. Manhattans kürzeste Ein-Block-Straße ist zugleich auch eine der engsten. Ruhig und baumgesäumt verläuft sie an nur 14 Häusern entlang und erscheint bereits auf Radierungen des 19. Jahrhunderts: eine Enklave der Jazz-Ära – abseits des Mainstream und sonstiger ausgetretener Pfade. Ihr braver Charme jedoch täuscht.

In der benachbarten Charles Lane lag einst »Newsgate Prison«, die erste Strafanstalt des Bundesstaates New York. Als sie 1820 geschlossen und die Gefangenen den Hudson hinauf nach Sing Sing getrieben wurden, machte die Stadt hier einen öffentlichen Marktplatz auf; Farmer lieferten per Boot Obst und Gemüse aus Weehawken, New Jersey, um die Frischware in Buden feilzubieten. Das Projekt scheiterte; die Nähe der Hudson Docks jedoch empfahl den Ort als idealen Standort für Stallungen, Fischmärkte, Bordelle und Saloons.

Das älteste Gebäude des Blocks ist ein Holzhaus – eines der wenigen, die in Manhattan noch stehen –, mit einem niedrigen gegiebelten Dach und einer Außentreppe. Wahrscheinlich handelt es sich um einen Teil des ehemaligen Market House, einer offenen Baracke mit vielen Verkaufsständen. Saloon, Austernschuppen, Spielhölle, Billardhalle – in den beiden vergangenen Jahrhunderten zeigte der schlichte Bau wechselnde Gesichter. Die beliebten Treffs von Hafenarbeitern, Spediteuren und lustbetonten Weltenbummlern wuchsen bald zu einem Viertel aus Rotlicht-Tavernen zusammen. In den 1970er Jahren schließlich stand hier ein ganzer Zug von »Lederbars« und Sexclubs, deren Kunden sich zum ruppigen Stelldichein in den Schatten der Häuser trafen.

Heute geht es hier wieder bürgerlich zu; die Mieten sind entsprechend hoch. Wer jedoch an den biederen Fassaden entlangspaziert, in dessen Kopfkino scheinen unweigerlich die langen Geschichten auf, die diese kurze Straße dem Einfallsreichen erzählt.

Adresse zwischen West 10th und Christopher Street (im Osten der West Street und Westen der Washington Street), New York 10014 | **Anfahrt** Subway: Christopher St-Sheridan Sq (1), Bus: M5, M8, M11, M20, M21 | **Tipp** Ein Mosaik mit einer Darstellung des kolonialen Newgate Prison befindet sich an der Wand des Bahnsteigs Christopher Street–Sheridan Square.

108 Die weiße Kapelle
Sie wurde licht

Überwältigend die innere Strahlkraft: Die Kapelle der evangelisch-lutherischen St. Peter's Church ist die einzige permanent angelegte Raumskulptur der amerikanischen Künstlerin Louise Nevelson in New York City. Ganz Weiß in Weiß gehalten, mutet dieses sakrale Pentagon als jener »Ort der Reinheit« an, als den Nevelson das Gebäude 1977 entwarf – von Pastor und Gemeinde in Auftrag gegeben und vom türkischstämmigen Industriellen Erol Beker gespendet, dessen Gebeine hier ruhen.

Das Genie der Künstlerin zeigt sich in einem Arrangement gefundener Holzobjekte, die an den fünf weißen Wänden angebracht sind. Die Bänke und der Altar sind aus gebleichter Esche und die Fenster aus Milchglas gefertigt; der einzige nicht weiße Gegenstand ist daher das vergoldete Kreuz des Guten Hirten hinter dem Altar.

Besucher sind überwältigt von der Stille. Obwohl zeitgenössisch und schlicht, ist dies ein spürbar heiliger Ort. Interessant zu wissen: Obwohl Louise Nevelson Jüdin war, schuf sie einen Raum für christliche Liturgien, dem nachgesagt wird, an spiritueller Intensität großen Kathedralen in nichts nachzustehen. Kommen Sie her, um zu beten und zu meditieren, ob allein oder mit anderen; vergessen werden Sie die Erfahrung nicht.

Nachdem Sie die Kapelle wieder verlassen haben, lohnt ein Besuch der lichtdurchfluteten St. Peter's Church samt dramatischem Außenkreuz von Arnaldo Pomodoro, das aus dem Holland des 16. Jahrhunderts stammt, samt dem schönen Altarraum, einer Webarbeit von Ann Sherwin Bromberg und Prozessionskreuzen von William Cordaroy und Kiki Smith. Die Unterstützung bildender und darstellender Künste – die Kirche ist als »Jazzkirche« bekannt – ist integraler Bestandteil ihrer Mission, feiert sie diese Musik doch mit Inbrunst als Kraft des Göttlichen. An Sonntagabenden werden sogar Jazz-Vespern abgehalten, zu denen Musiker aus aller Welt sich versammeln und spielen. *I'm Beginning to See the Light.*

Adresse 619 Lexington Avenue (zwischen East 53rd und 54th Street), New York 10022, Tel. +1 212.935.2200, www.saintpeters.org | **Anfahrt** Subway: Lexington Av-53 St (E, M); 51 St (6), Bus: M31, M57, M50, M101, M103 | **Öffnungszeiten** täglich 8.30–20 Uhr | **Tipp** In St. Peter's finden das ganze Jahr über Jazz-, klassische und Chorkonzerte sowie ein renommiertes jährliches Bach-Festival statt. Ebenso befindet sich hier die off-Broadway »York Theater Company«. Checken Sie die Webseite für Programminformationen.

109 The Whispering Gallery
Mekka der Mauerflüsterer

Es ist ein offenes Geheimnis und zugleich *Pssst:* Grand Central Terminal, geschäftig und laut, wie der Bahnhof ist, birgt direkt vor Ihren Augen ein verschwiegenes kleines Klangwunder, ein unsichtbares Kommunikationssystem, das sich zu erkunden lohnt.

Gehen Sie mit einem Bekannten zum gastronomischen Bereich des Terminals direkt neben der legendären Oyster Bar, stellen Sie sich in eine der Ecken unter den keramikgeziegelten Deckenbögen, an denen sich die Gänge kreuzen, mit dem Gesicht zur Wand, und sprechen Sie leise in das Mauerwerk hinein. Trotz der lärmigen Vielstimmigkeit der riesigen Haltestelle wird Ihr Bekannter, der sich mit dem Gesicht zur gegenüberliegenden Wand gestellt hat, Ihre Worte so klar vernehmen, als stünden Sie direkt neben ihm.

Verantwortlich für das verblüffende Phänomen sind die einzigartigen physikalischen Eigenschaften des Raums. Das sogenannte katalanische Gewölbe ist eine Erfindung des spanischen Architekten Rafael Guastavino, die er sich 1885 patentieren ließ. Guastavino-Gewölbe finden sich auf der unteren Ebene des Terminals und auch in der Oyster Bar. Schauen Sie sich die Fischgrätmuster dieser ineinander verzahnten Terrakottaziegel genau an, und Sie werden sehen, wie glatt sie die gewölbten Flächen umschmiegen. Zufall ist der Stille-Post-Effekt nicht; das Design wurde exakt so berechnet, dass sich Klänge auf die jeweils gegenüberliegende Seite projizieren.

Bevor Sie es nicht ausprobiert haben, werden Sie kaum glauben, dass es funktioniert – und schließlich nicht schlecht staunen! Was Sie den Wänden zuflüstern – und wem –, bleibt Ihnen überlassen. Manche offenbaren hier Geheimnisse, andere summen eine Melodie; auch als Ort der Wahl für Heiratsanträge ist die Flüstergalerie beliebt. Es heißt, wegen der Akustik habe Jazzlegende Charles Mingus seinen Bass bevorzugt in einer der Ecken gespielt. Vielleicht bringen auch Sie das nächste Mal ein Instrument mit?

Adresse Grand Central Terminal, Dining Concourse, 87 East 42nd Street (zwischen Lexington und Vanderbilt Avenue), New York 10017, www.grandcentralterminal.com | **Anfahrt** Subway: Grand Central-42 St (S, 4, 5, 6, 7), Bus: M 1, M 2, M 3, M 4, M 5, M 42, M 101, M 102, M 103 **Öffnungszeiten** täglich 5.30–2 Uhr | **Tipp** Die »Oyster Bar« serviert eine große Auswahl an Austern und Meeresfrüchten je nach tagesfrischem Fang. Der Gourmet-Tempel bietet viele original New Yorker Spezialitäten und ethnisch gefärbte Überraschungen.

110_ White Horse Tavern
Manhattans meist heimgesuchter Pub

Die Kehlen von James Baldwin, Anaïs Nin, Norman Mailer oder Allen Ginsberg hat diese Pinte befeuchtet. Jack Kerouac wurde so oft hinausgeworfen, dass der Spruch »Jack Go Home« noch heute eine Toilettenwand ziert. Auch Jim Morrison, Mary Travers von »Peter, Paul and Mary« und die Clancy Brothers schütteten sich hier zu; obendrein bemühte ein junger Mann namens Bob Dylan für Trinkgeld seine Klampfe.

Nur dem Original-Dylan allerdings, dem trinkfesten walisischen Dichter Dylan Thomas, kommt die Ehre zu, das White Horse so berüchtigt gemacht zu haben, wie es berühmt ist. Thomas kam zweimal täglich herein, labte sich an billigen Trünken und der feuchtfröhlichen Kameraderie anderer bierseliger Literaten und Stammgäste. In einer Novembernacht 1953 schließlich nahm der 39-jährige Poet hier seinen letzten Drink zu sich. Nachdem er 18 Whiskey auf ex hinuntergekippt hatte, brach er auf dem Bürgersteig zusammen, fiel in ein Koma und starb im nahe gelegenen St. Vincent's Hospital. Zu Lebzeiten hatte er diese Kneipe bevorzugt heimgesucht; viele glauben, dass sich daran auch posthum nichts geändert hat: Ungerührt soll sein Geist zur Sperrstunde vorbeischauen und in der Ecke unter seinem Porträt nach angemessen geistigen Getränken verlangen.

Aufgrund seiner Nähe zu den Docks des Hudson River hatte dieses authentische Pub von 1880 als Treffpunkt von Hafenarbeitern begonnen. Bevor sich die Taverne zum Literatenclub mauserte, diente sie auch als Hafen, den Gewerkschafter und die Gründer des liberalen Blatts »Village Voice« ansteuerten. Kitschige Porzellanfiguren weißer Pferde und diverse Andenken zieren das bescheidene Innenleben; die Drinks sind nach wie vor billig (»cash only«), und die Biergartentische im Sommer laden zum Leutegucken ein. Kommen Sie am 9. November her, dem Todestag von Dylan Thomas, bestellen Sie von der Karte seine »letzte Mahlzeit« und stoßen Sie auf den Geist des Poeten an.

Adresse 567 Hudson Street (Ecke West 11th Street), New York 10014, Tel. +1 212.989.3956 | **Anfahrt** Subway: Christopher St-Sheridan Sq (1); 14 St (A, C, E, 2, 3); 8th Ave (L); Bus: M 8, M 11, M 12, M 14, M 20 | **Öffnungszeiten** So–Do 11–2 Uhr, Fr–Sa 11–4 Uhr | **Tipp** Für Pub-Hopper: Nicht allzu weit entfernt finden Sie eine weitere historische Kneipe, eine der ältesten der Stadt »McSorley's Old Ale House« (15 East 7th Street).

111 __ Yorkvilles Glockenspiel
Wo die Zeit stillsteht

Sobald Sie die große alte Uhr an der Ecke von East 83rd Avenue und York Street bemerken, fragen Sie sich unwillkürlich, ob diese stattlichen Rösser zu jeder ganzen oder halben Stunde zu paradieren beginnen, begleitet von den nostalgischen Klängen einer Spieluhr. Erst der zweite Blick verrät Ihnen, dass es sich bei diesem pittoresken Zeitmesser um ein Wandgemälde handelt, das Glockenspiele der Altstädte Europas nachahmt. Ein zeitgenössisches Beispiel für trompe l'œil – Kunst, deren Zweck darin besteht, das Auge auszutricksen.

Eine Baufirma, die gegenüber ein Hochhaus mit Luxusapartments in die Höhe zog, stand vor einem Problem: Ein mit Graffiti überzogenes Mietshaus gegenüber verschandelte den Blick aus den unteren Wohnungen. Kurzerhand überredete man den Besitzer des Mietshauses, die Bemalung seiner Fassade zu dulden, und beauftragte 2006 den virtuosen (Trick-)Künstler Richard Haas, ein 24 Meter breites Mauerbildnis an die Problemwand zu bringen.

Als Hommage an das überwiegend deutsch geprägte Viertel entschied Haas, ein Glockenspiel in den Mittelpunkt seiner Arbeit zu stellen – eine altehrwürdige Uhr, die er mit witzigen Modernisierungen ausstattete. Statt der mittelalterlichen Ritter etwa, die sich sonst auf einer Plattform vor der inneren Mechanik im Kreis drehen, setzte er die berittene Polizei New Yorks auf die Pferde. Das Ziffernblatt stellt die zwölf Tierkreiszeichen dar, ein goldener Sonnenstrahl schießt aus der Mitte. Auch das Innenleben samt Zahnrädern ist voll sichtbar; die Fake-Ästhetik ergeht sich im Überfluss: Bizarre Gargoyles auf Straßenniveau, Herrenanzüge hinter Fensterglas, eine Wendeltreppe ins Nichts und viele weitere Details zieren das verblüffende Meisterwerk der Tarnfarbe. So dreidimensional wirkt das verspielte Getriebe, dass man es erst anfassen muss, um sich zu vergewissern, dass die Uhr hier nicht anders geht, sondern gar nicht: Es bleibt ewig vier.

Adresse nordwestliche Ecke der East 83rd Street und York Avenue, New York 10028 | **Anfahrt** Subway: 86 St (4, 5, 6), Bus: M 15, M 31, M 79, M 86, M 101, M 102, M 103 | **Tipp** »Schaller & Weber« in der 1654 Second Avenue Ecke 86th Street verkauft die beste »wurst« seit 1937, als Yorkville noch Germantown hieß.

Entdecken Sie viele weitere spannende und ungewöhnliche Titel der 111er-Reihe:

Patricia Schmidt-Fischbach,
Ralph Bergel
**111 Geschäfte in Berlin, die
man erlebt haben muss**
ISBN 978-3-95451-334-5

Paul Klein
**111 Geschäfte in Hamburg,
die man erlebt haben muss**
ISBN 978-3-95451-218-8

Kirstin von Glasow
**111 Geschäfte in London,
die man erlebt haben muss**
ISBN 978-3-95451-340-6

Alexandra Brücher-Huberova
**111 Geschäfte in München,
die man erlebt haben muss**
ISBN 978-3-95451-204-1

Mark Gabor, Susan Lusk
**111 Geschäfte in New York,
die man erlebt haben muss**
ISBN 978-3-95451-455-7

Sandra Rauch, Julia Seuser
**111 Geschäfte in Nürnberg,
Fürth und Erlangen, die
man erlebt haben muss**
ISBN 978-3-95451-457-1

Dagmar Sippel
111 Geschäfte in Paris, die man erlebt haben muss
ISBN 978-3-95451-458-8

Nicoletta Cascio, Brigitte Cordes
111 Geschäfte in Rom, die man erlebt haben muss
ISBN 978-3-95451-317-8

Bernd Imgrund
111 deutsche Wirtshäuser, die man gesehen haben muss
ISBN 978-3-95451-080-1

Rüdiger Liedtke
111 Orte auf Mallorca, die man gesehen haben muss
ISBN 978-3-89705-975-7

Susanne Thiel
111 Orte in Madrid, die man gesehen haben muss
ISBN 978-3-95451-118-1

Ralf Nestmeyer
111 Orte in der Provence, die man gesehen haben muss
ISBN 978-3-95451-094-8

Peter Eickhoff
111 Orte in Wien, die man gesehen haben muss
ISBN 978-3-89705-969-6

Stefan Spath
111 Orte in Salzburg, die man gesehen haben muss
ISBN 978-3-95451-114-3

Regine Zweifel
111 Orte in Paris, die man gesehen haben muss
ISBN 978-3-89705-823-1

Dirk Engelhardt
111 in Barcelona, die man gesehen haben muss
ISBN 978-3-95451-066-5

John Sykes
111 Orte in London, die man gesehen haben muss
ISBN 978-3-95451-117-4

Annett Klingner
111 Orte in Rom, die man gesehen haben muss
ISBN 978-3-95451-219-5

Thomas Fuchs
111 Orte in Amsterdam, die man gesehen haben muss
ISBN 978-3-95451-209-6

Stefan Spath, Gerald Polzer
111 Orte im Salzkammergut, die man gesehen haben muss
ISBN 978-3-95451-231-7

Christiane Bröcker, Babette Schröder
111 Orte in Stockholm, die man gesehen haben muss
ISBN 978-3-95451-203-4

Sabine Gruber, Peter Eickhoff
111 Orte in Südtirol, die man gesehen haben muss
ISBN 978-3-95451-318-5

Marcus X. Schmid
111 Orte in Istanbul, die man gesehen haben muss
ISBN 978-3-95451-333-8

Gerd Wolfgang Sievers
111 Orte in Venedig, die man gesehen haben muss
ISBN 978-3-95451-352-9

Rüdiger Liedtke,
Laszlo Trankovits
111 Orte in Kapstadt, die man gesehen haben muss
ISBN 978-3-95451-456-4

Eckhard Heck
111 Orte in Maastricht, die man gesehen haben muss
ISBN 978-3-95451-368-0

Petra Sophia Zimmermann
111 Orte am Gardasee und in Verona, die man gesehen haben muss
ISBN 978-3-95451-344-4

Lucia Jay von Seldeneck, Carolin Huder, Verena Eidel
111 Orte in Berlin, die man gesehen haben muss
ISBN 978-3-89705-853-8

Bernd Imgrund
111 Kölner Orte, die man gesehen haben muss
Band 1
ISBN 978-3-89705-618-3

Lucia Jay von Seldeneck, Carolin Huder, Verena Eidel
111 Orte in Berlin, die Geschichte erzählen
ISBN 978-3-95451-039-9

Rike Wolf
111 Orte in Hamburg, die man gesehen haben muss
ISBN 978-3-89705-916-0

Gabriele Kalmbach
111 Orte in Stuttgart, die man gesehen haben muss
ISBN 978-3-95451-004-7

Dietmar Bruckner, Jo Seuß
111 Orte in Nürnberg, die man gesehen haben muss
ISBN 978-3-95451-042-9

Danksagung

Mein aufrichtiger Dank gilt Susan Lusk und Mark Gabor, die mich ins Team geholt haben, brillante Lektoren und die besten aller denkbaren Freunde sind. Dank auch unserem tollen Team in Deutschland: Achim Mantscheff, Monika Elisa Schurr, Constanze Keutler und Gerd Wiechcinski für ihre akribische Arbeit und ihren unerschöpflichen Humor – sowie an Gita Kumar Pandit für ihre Leica. Meiner Mom, den Jarrin-Kindern und -Enkeln, meiner Familie bei Komansky PICU, Barads und Freunden: Dank für eure Liebe und Unterstützung!

Bildnachweis

Fotografien © Jo-Anne Elikann, außer: S. 23 (oben): mit freundlicher Genehmigung von Il Vagabondo; S. 27 (unten) © Frank Cooper; S. 51 (unten): mit freundlicher Genehmigung von SONY Wonder Technology Lab; S. 71 (oben) © Glen DiCrocco; S. 77 (oben), S. 97, S. 99, S. 121 (oben), S. 221 © Susan Lusk; S. 95: mit freundlicher Genehmigung der NY Federal Reserve Bank; S. 211 © Yadi Guevara; S. 217 © Jo-Anne Elikann, mit Erlaubnis von The Metropolitan Museum of Art, The Henry R. Luce Center for the Study of American Art, Luce Center Visible Storage, Gallery 774.

Autorin und Fotografin

Jo-Anne Elikann wurde in Brooklyn geboren und ist in Queens aufgewachsen. Am gleichen Tag, an dem ihre Eltern sie zum ersten Mal mit der Subway fahren ließen, hat sie sich hoffnungslos in ihre Heimatstadt verliebt. Da wusste sie einfach: Den Rest ihres Lebens würde sie vom Smörgåsbord unvergleichlicher Erfahrungen naschen, das »die City« jeden Tag auftischt, unverlierbar fasziniert von deren Fähigkeit, sich stets aufs Neue zu erfinden. Als freie Autorin, Künstlerin und Fotografin, deren stolzeste Errungenschaft es ist, sechs Kinder in einer kleinen Wohnung in New York City großgezogen zu haben, umfasst ihr Lebenslauf Titelaufnehmerin bei einem Antiquar, Galeristin, Leiterin eines Kunstzentrums für Kinder, Regisseurin eines Graphik-Design-Films und Angestellte im Gesundheitswesen. Sie ist New Yorkerin durch und durch und erforscht bereits ihr ganzes Leben lang die verborgenen Winkel und Nischen der Metropole – sowie deren endlose Fähigkeit zu verblüffen.